Michael Häupl (Hg.)

ModellStadt – WeltStadt

GRASSER Karl

Michael Häupl (Hg.)

ModellStadt – WeltStadt

Politische Konzepte für Europas Städte

FORSCHUNG
PROMEDIA

Gedruckt mit Unterstützung des Bundesministeriums
für Wissenschaft, Verkehr und Kunst in Wien

Die Deutsche Bibliothek – CIP-Einheitsaufnahme
ModellStadt – WeltStadt:
Politische Konzepte für Europas Städte /
Michael Häupl (Hg.). – Wien : Promedia, 1997.
(Edition Forschung)
ISBN 3-85371-121-9
NE: Häupl, Michael [Hg.]

Lektorat: Erhard Waldner
Redaktion: Kilian Franer
Druck: WB-Druck
Printed in Austria
ISBN 3-85371-121-9

Inhaltsverzeichnis

Vorwort

Michael Häupl

Daß Wahlkampfzeiten Zeiten fokussierter Unintelligenz sind, ist ein ebenso einfacher wie wahrer Sachverhalt. Doch gibt es keine Regel, die nicht auch eine Ausnahme hätte: Ich meine die 5. Wiener Sommerakademie. Sie stand, zeitlich gesehen, am Beginn des Wahlkampfes für die EU- und Gemeinderatswahlen 1996 in Wien. Eine Reihe in- und ausländischer Expertinnen und Experten aus Wirtschaft und Kultur sowie aus Kommunal- und Europapolitik setzten sich fast eine Woche lang mit der Zukunft der europäischen Städte im allgemeinen und mit Wien als Weltstadt zum Wohlfühlen im besonderen auseinander. Interessant ist für mich dabei, daß praktisch alle hier getroffenen Aussagen über die tagespolitische Aktualität hinaus Gültigkeit haben. Es war und ist Aufgabe, spezifisch sozialdemokratische Lösungsansätze für die in den Beiträgen aufgeworfenen Fragen und die aufgezeigten Probleme zu finden.

Wien, als Stadt der Arbeit gesehen, kann sich in Zukunft nicht in der trügerischen Illusion wiegen, es wäre die Hauptstadt einer kollektiven „geschützten Werkstätte" Österreich. Im Gegenteil: Wir alle sind gefordert, der unerbittlichen Konkurrenz aus Ost und West mit intelligenten und praktikablen Lösungskonzepten Paroli zu bieten, und zwar so, daß nicht Betriebsergebnisse alles und soziale Verhältnisse nichts mehr bedeuten.

Wien als Stadt der Kultur – diese Begrifflichkeit hat unter den neuen politischen Rahmenbedingungen eine besondere Dimension bekommen. Trotz alledem: Diese Stadt bleibt eine kulturell offene Stadt – eine besondere Herausforderung für uns Sozialdemokraten!

Weltweit gesehen ist Wien eine kleine Stadt, und während generell insbesondere in den großen Industrieländern das glatte Gegenteil stattfindet, haben wir es in Wien immerhin geschafft, in der Umweltpolitik eine hohe Qualität zu erreichen. Zukünftig muß es jedoch noch viel stärker im Sinn einer nachhaltigen Entwicklung darum gehen, statt zu einer „End of Pipe"-Technologie zu „Clean Technologies" zu gelangen: Wien als ökologische Stadt.

Wien, die Stadt des Friedens, ist zudem eine Stadt des internationalen Dialogs. Daß sie eines der Hauptquartiere der UNO beherbergt, hat auch sehr viel mit Sicherheit und mit unserem sozialdemokratischen Sicherheitsverständnis zu tun.

Trotz unserem Hang zum Perfektionismus mußten im vorliegenden Buch – naturgemäß – viele Themen ausgelassen werden, und vieles wurde nur angerissen. Das spiegelt einen Prozeß wider – unser Ringen um die besten Lösungen. Wir werden zukünftig noch viel mehr Phantasie, „Hirnschmalz“ und harte Arbeit brauchen, um die Probleme bewältigen zu können.

Ausdrücklich bedanken möchte ich mich bei allen, ohne deren Mitwirken diese Sommerakademie und das vorliegende Buch nicht zustande gekommen wären, namentlich bei der SPÖ-Wiener Bildung, dem Wiener SPÖ-Gemeinderatsklub und dem Karl-Renner-Institut. Wenn wir die geistige Hegemonie in dieser Stadt nicht einer konservativen und reaktionären Politik überlassen wollen, brauchen wir in Zukunft noch viel mehr solche Initiativen – und auch

Bücher!

Wien, im Jänner 1997

Vor neuen Herausforderungen

Franz Vranitzky

Sozialdemokratische Ideen und der Kampf um ihre Durchsetzung haben dieses Jahrhundert entscheidend geprägt. Viele der Ideen der Sozialdemokratie sind zum gesellschaftlichen Allgemeingut geworden. Vieles, das wir gegen härteste Widerstände durchgesetzt haben, wird heute als selbstverständliche Errungenschaft bezeichnet.

Dennoch ist Ralf Dahrendorfs These vom Ende des sozialdemokratischen Jahrhunderts angesichts neuer Herausforderungen bereits überholt. Die Sozialdemokratie ist heute wichtiger denn je. Otto Kreye, Wissenschaftler am Starnberger Institut zur Erforschung globaler Strukturen, Entwicklungen und Krisen, bemerkte dazu: „Die Alternative zur herrschenden Politik, die auf Liberalisierung, auf Privatisierung und Deregulierung setzt und deren Credo es ist, man müsse die Entwicklung nur dem Markt überlassen und der Markt würde schon für eine Lösung der Probleme sorgen, was er natürlich nicht tun wird, denn der Markt hat seine Dynamik, aber er wird nicht soziale Gerechtigkeit und er wird nicht die Erhaltung der natürlichen Lebensgrundlagen bewirken, ist die Sozialdemokratie“ (Zukunft, 9/1993).

„Deregulierer aller Länder, vereinigt euch!“ hallt es derzeit um den Globus. Dem müssen wir mit einer „Sozialdemokratisierung der internationalen Politik“ entgegentreten. Das Gedächtnis der Menschen ist kurz. Die heutigen Propagandisten, die die Weltentwicklung nur von der privatökonomischen Perspektive her beleuchtet sehen wollen, haben kein historisches Bewußtsein. Nur staatliche Programme – wie Altersversorgung, Arbeitslosengeld, öffentliche Gesundheitsversorgung, sozialer Wohnbau bis hin zur progressiven Gestaltung der Einkommensbesteuerung und der Unterstützung der Gewerkschaften – haben dazu beigetragen, daß der Kapitalismus überhaupt überleben konnte.

Während zahllose Ökonomen gebetsmühlenartig ihre neoliberalen Glaubenssätze nach wie vor verkünden, sind viele Menschen zwischen Lebensmut und Zukunftsangst hin- und hergerissen. Der wirtschaftliche Strukturwandel schafft zwar viele neue Berufsfelder, aber auch Angst und Unsicherheit in jenen Teilen der Bevölkerung, die mit dem Tempo der Veränderungen nicht mithalten können und sich an den Rand gedrängt fühlen. Diese Entwicklung stellt vor allem auch die Jugend vor große Herausforderungen. Noch nie in der Geschichte der Menschheit mußte eine Generation mit derart rasanten Veränderungen zurechtkommen, wie wir sie derzeit in vielen Bereichen unseres Wirtschaftslebens vorfinden. Wir stehen vor einer neuen, ökonomischen Revolution, die uns schneller und stärker beeinflussen wird als alle bisherigen radikalen ökonomischen Veränderungen.

Für die Sozialdemokratie muß daher außer Zweifel stehen: Es darf nicht hingenommen werden, daß breite Schichten der Bevölkerung aufgrund gesellschaftspolitischer und wirtschaftlicher Veränderungsprozesse an den Rand gedrängt werden. Arbeit in ihren vielfältigen Formen ist und bleibt wichtig für die persönliche Entwicklung und die Position des einzelnen in der Gesellschaft – schon allein deshalb halten wir am Ziel der Vollbeschäftigung fest. Sie ist und bleibt das Grundfundament des Lebens in der Gesellschaft, der Sockel, auf dem die Demokratie ruht. Wir müssen weiter unbeirrt am Ziel einer Gesellschaft festhalten, die jedem ein Einkommen gibt, ihn sozial integriert und ein Leben in Würde ermöglicht.

In diesem Kontext wird oft gesagt, die SPÖ könne nicht mehr eine Arbeitnehmerpartei sein, da der „klassische" Arbeiter zu einer Minderheit werde. Diese Analyse mag für Soziologen oder Politologen relevant sein, für mich ist es unwesentlich. Ob Arbeiter, Angestellte, Bedienstete, Unternehmer, Freischaffende, Künstler, Hausfrauen, Pensionisten, Arbeitslose, Studenten – Maßstab unseres Engagements ist die unmittelbare Lebenssituation des einzelnen. Unsere Aufgabe ist es nicht, abgehoben über eine bessere Welt zu philosophieren, sondern den einzelnen in die Lage zu versetzen, sich seine eigene bessere Lebenswelt zu schaffen und seinen Platz in der Gesellschaft zu finden. Mit diesem Politikverständnis müssen wir in Zukunft wieder stärker auf die Menschen direkt zugehen, sie für Politik interessieren und ihnen zeigen, daß wir ein Konzept haben, das niemanden ausschließen, aber auch niemanden vereinnahmen will.

Auf nationaler Ebene geht es darum, die Beibehaltung unserer hohen sozialen Standards auch für das nächste Jahrhundert zu erkämpfen. Das klingt dramatisch, aber gegenwärtig sind auch in Österreich neoliberale Töne sehr laut zu hören. Wir sperren uns nicht gegen neue Arbeitszeitmodelle, die die Wettbewerbsfähigkeit der Unternehmer am Weltmarkt erhöhen, aber wir werden nicht zulassen, daß dies allein auf Kosten der Arbeitnehmer geschieht. Wir sind bereit zu einer offenen, ehrlichen Diskussion über Struktur und Verteilungseffizienz unserer Sozialpolitik, aber nicht zu Sozialabbau und Lohnflexibilisierung nach unten.

Wir haben unseren Sozialstaat ja nicht als starres System konzipiert. Die Gesellschaft ist ständig in Bewegung. Neue Beziehungsmuster entstehen, der demographische Wandel wirft seine Schatten voraus. Eine evolutionär verstandene Sozialpolitik muß mit diesen Entwicklungen Schritt halten, ihnen manchmal sogar vorauseilen. Beispiele sind der steigende Anteil alleinerziehender Mütter und die sich verändernde Bevölkerungspyramide.

Manche Experten meinen, wir könnten ein hohes Beschäftigungsniveau, hohe Sozialstandards und Globalisierung nicht zur gleichen Zeit haben. Ich stelle dem eine andere These gegenüber. Im Zeitalter der Globalisierung ist ein starker Sozialstaat das beste Mittel gegen den wachsenden Hang zum Protektionismus, wie er bereits in vielen Industriestaaten zu beobachten ist. Wer, wie manche Wirtschaftskreise, auch in Österreich die Arbeitnehmer in eine Billiglohnkonkurrenz treiben will, zerstört die sozialen Fundamente der offenen Weltwirtschaft. Er arbeitet den Populisten und Protektionisten in die Arme, die in Wahrheit nur einem neuen Nationalismus huldigen und die Märkte der Länder und damit die Völker wieder voneinander abschotten wollen. Sicherlich ist die Dynamik der fortschreitenden Internationalisierung eine schwer steuerbare Entwicklung, der sich kein Staat entziehen kann. Wir müssen dieser Globalisierung einen sozialen und ökologischen Rahmen in Form von Mindeststandards geben. Dies gilt hauptsächlich für den Welthandel, aber auch für den Handel innerhalb der Europäischen Union.

Heute müssen wir aber auch die Beschäftigungspolitik im europäischen Zusammenhang sehen. Wir brauchen europäisch koordinierte Maßnahmen zur Entschärfung der Beschäftigungskrise in Europa, die die nationalen Beschäftigungspolitiken bestmöglich ergänzen. Wir müssen der Europäischen Union ein deutlicheres Profil bei der Lösung von Problemen wie Arbeitslosigkeit, Umweltproblemen und grenzüberschreitender Kriminalität geben, die die Menschen unmittelbar betreffen. Für die Bürgerinnen und Bürger muß klar erkennbar sein, daß die europäische Einigung kein Selbstzweck und kein Projekt der Eliten ist, sondern ein Projekt aller Europäer zur Absicherung ihrer Zukunftschancen im weltweiten Wettbewerb. Die Europäische Union muß daher zu einer Sozial- und Beschäftigungsunion weiterentwickelt werden, soll die Integration die nötige Akzeptanz in der Bevölkerung finden. Nur so werden wir verhindern können, daß es zu einer Renationalisierung der Politik kommt, die den Herausforderungen unserer Zeit in keiner Weise gewachsen wäre.

Zu diesen Herausforderungen zählt auch die Erhaltung einer lebenswerten Umwelt. Mehr als vor einem „Zusammenprall der Kulturen", wie ihn amerikanische Politologen nach dem Ende des Kalten Krieges heraufdämmern sehen, stehen wir vor einer Kollision zwischen der menschlichen Zivilisation und dem Öko-System der Erde. Im Bereich der Umwelt sind wir – auch wenn das viele immer noch nicht wahrhaben wollen – zu einem „globalen Dorf" zusammengeschrumpft. Wir müssen die Europäische Union zu einer beispielhaften Umweltgemeinschaft weiterentwickeln, die auch in diesem Bereich weltweit neue Maßstäbe zu setzen vermag.

Eine weitere wichtige Herausforderung für die Sozialdemokratie liegt im Bereich der Sicherheitspolitik. Wir stehen vor einer Grundsatzfrage, nämlich, ob sich jene durchsetzen, die Sicherheitspolitik auf die militärische Komponente verkürzen wollen und damit die Gefahr neuer Trennlinien und Gräben in Europa heraufbeschwören, oder jene, die die Herausforderung des 21. Jahrhunderts erkannt haben: Das Friedensprojekt der EU und der Fall der Berliner Mauer bieten die Chance, ein europäisches Sicherheitssystem zu begründen, das darauf abzielt, nicht den Krieg, sondern den Frieden vorzubereiten. Das ist es, was wir wollen, und das kann sicherlich nicht in der Fortschreibung eines Militärbündnisses bestehen. Unser Verständnis von Sicherheitspolitik geht von einem umfassenden Sicherheitsbegriff aus, der wirtschaftliche Stabilität und soziale Grundsicherung genauso umfaßt wie innere Sicherheit und Erhaltung einer lebenswerten Umwelt.

Nicht eine Sicherheitsinstitution sollte daher im Vordergrund stehen, sondern das Zusammenrücken der einzelnen Institutionen – UNO, OSZE,

Europarat, EU, NATO, WEU – zu einer gesamteuropäischen Sicherheitsarchitektur, in die Rußland miteingebunden ist. Denn Sicherheit in Europa kann es nicht gegen und nicht ohne Rußland geben. Unser Ziel ist eine pluralistische europäische Sicherheitsgemeinschaft, die prinzipiell allen europäischen Ländern offensteht, damit der Vielfalt der Sicherheitsphilosophien Rechnung trägt und in die UNO eingebettet ist.

In dieser Sicherheitsarchitektur wird auch die Neutralität ihren Platz haben. Ich bin überzeugt, daß der Grundgedanke der Neutralität – d.h. die Nichtbeteiligung an fremden Kriegen und der Verzicht auf Gewalt zur Durchsetzung nationaler Interessen – nichts von seiner Bedeutung verloren hat und sogar zu einem allgemeingültigen Prinzip dieser europäischen Sicherheitsarchitektur werden sollte.

Das sind nur einige der Herausforderungen, vor denen die Sozialdemokratie an der Schwelle zu ihrem zweiten Jahrhundert steht. Ich bin optimistisch, daß wir sie bewältigen werden. Wir haben bewiesen, daß wir eine Gesellschaft bauen können, die mehr bietet als das nackte Überleben. Wir haben die Menschen aus jahrhundertealten Abhängigkeiten befreit, ihnen einen ungeahnten Freiraum zur Selbstverwirklichung und einem eigenbestimmten Leben eröffnet. Nun geht es nicht nur darum, das Erreichte abzusichern und neue Chancen zu ergreifen, es geht vor allem auch um die Verwirklichung von sozialer Gerechtigkeit auf globaler Ebene und um die Lösung der ökologischen Fragen. Vor uns liegt ein langer, spannender Weg.

Sozialdemokratische Konzepte für Europas Städte

Bedeuten Betriebsergebnisse alles und soziale Verhältnisse nichts mehr?

MICHAEL HÄUPL

Vier Themenfelder zur städtischen Politik scheinen mir vordringlich. Sie haben in erster Linie mit unserer Stadt Wien, aber auch mit der Entwicklung von Urbanität in Europa zu tun:

- Stadt der Arbeit,
- Stadt der Kultur,
- ökologische Stadt und
- Stadt des Friedens.

Stadt der Arbeit

Die Rahmenbedingungen der ökonomischen Entwicklung haben sich gerade für die Städte – und im besonderen Ausmaß in Österreich – enorm verändert. Befanden wir uns als Wiener bis zum Wechsel dieses Jahrzehnts in der Situation eines „demokratischen Blinddarms", umgeben vom Eisernen Vorhang, der Europa zerteilte, so stoßen wir heute in der Europäischen Union wiederum an eine Grenze. Diese Grenze stellt sich als eine soziale Grenze unterschiedlichster wirtschaftlicher Entwicklungen dar, auch als Grenze zwischen sozialdemokratischen Vorstellungen und Vorstellungen der Konservativen zu Fragen der Sicherheit. In diesem gemeinsamen Haus Europa soll aber kein neuer Eiserner Vorhang entstehen, sondern eine immer dünner werdende Grenze der sozialen und kulturellen Zusammenarbeit im Interesse einer gesamteuropäischen Entwicklung.

Im wirtschaftlichen Bereich ist die – man könnte fast sagen – „geschützte Werkstätte" Österreich plötzlich einer europäischen ökonomischen Konkurrenz ausgesetzt, aber auch einer Konkurrenz durch die Reformländer an unseren östlichen Grenzen, gelegentlich verächtlich „Billiglohnländer" genannt. Diese spielen aus unserer Sicht heraus eine sehr ernste und als bedeutsam einzuschätzende Rolle, wenn ich an Firmen wie – um ein Wiener Beispiel zu nehmen – Elida denke oder an Semperit, die beide Betriebsstätten nach Osteuropa verlagert haben.

Wer geglaubt hat, multinationale Konzerne seien plötzlich mit sozialen Einrichtungen zu verwechseln, hat sich geirrt. Selbstverständlich agieren multinationale Konzerne heute weltweit genauso, wie sie das immer getan haben. Wir erleben es nur viel unmittelbarer. Die Firma Elida in Wien Simmering war ein prosperierender Betrieb ohne wirtschaftliche Schwierigkeiten und mit einem ordentlichen Betriebsergebnis. Trotzdem wurde sie um einige wenige Kilometer weiter verlegt, nach Ungarn, weil dort die Lohnkosten niedriger sind und daher das Betriebsergebnis noch besser ausfällt als in Österreich. Ähnliches gilt für andere multinationale Konzerne.

Wir sind mit einem Phänomen konfrontiert: Früher entließen Firmen Arbeitnehmer und Arbeitnehmerinnen, wenn es ihnen schlecht ging. Heute entlassen sie die Menschen, weil es ihnen betriebswirtschaftlich gut geht und noch besser gehen soll. Es entsteht der Eindruck, daß jene Manager, die möglichst viele Arbeiter aus ihren Betrieben hinausgeworfen haben, als „Manager des Jahres" ausgezeichnet werden und auf die Titelseiten sich sehr fortschrittlich gebender Wochenmagazine gelangen.

Wir werden eine allgemeine gesellschaftliche Diskussion, aber auch eine Diskussion in unseren eigenen Reihen zu führen haben, ob Betriebsergebnisse alles, soziale Verhältnisse und Rahmenbedingungen nichts mehr bedeuten. Mit unseren Vorstellungen als Sozialdemokraten würde eine solche Welt jedenfalls nicht mehr übereinstimmen. Ich bin zutiefst davon überzeugt: Wenn wir die historische Rolle einer Partei wie der Sozialdemokratie auch in Zukunft erfüllen wollen, dann werden wir uns dieser Diskussion stellen müssen, insbesondere in jenen Bereichen, in denen wir auch ökonomische Mitverantwortung tragen.

Daß es heute bei uns Konservative gibt, die mit Begriffen wie „Lohndumping", „Downsizing" und ähnlichem modernistischen Unsinn um sich werfen, den man auch bei uns in den ökonomischen Diskurs einzubringen versucht, sei hier nur am Rand erwähnt. Unsere wichtigste Aufgabe ist es, in guter Kooperation mit den Freunden in der Gewerkschaft für eine ökonomisch prosperierende Wirtschaftsentwicklung einzutreten und viele im Lauf der Zeit entstandene bürokratische Hürden abzubauen. In vielerlei Hinsicht müssen wir ein höheres Ausmaß an Flexibilität erreichen, dürfen aber nicht hinnehmen, daß eine positive wirtschaftliche Entwicklung nur dann erfolgen kann, wenn sie mit dem Abbau sozialer Rechte, mit Lohnsenkungen und ähnlichem verbunden ist.

Unsere ökonomische Zukunft – und damit verbunden die Zukunft des Arbeitsmarktes – liegt nicht so sehr in der Konkurrenz mit dem Billiglohn-Produktionsbereich. Eine langfristig nachhaltige Sicherung und Stabilisierung am Arbeitsmarkt bedeutet auch, daß wir unsere Interessen auf die Bereiche Forschung und Entwicklung zu richten haben.

Bei aller Budgetkonsolidierung, bei allen Überlegungen zu Maastricht sollten einige Bereiche aus dem Ausgabenkürzungsbereich ausgeklammert werden. Dazu gehören die Sicherheit, die Erhaltung des Sozialstaates und der gesamte Bereich von Forschung und Entwicklung einschließlich der Hochschulen. Es ist ein zentrales Problem, wie sich die Universitäten hinsichtlich ihrer Ausstattung und personellen Betreuungseinrichtungen in einem Zustand befinden, der international gesehen nicht konkurrenzfähig ist. Daraus resultieren materielle Nachteile bei der Umsetzung wissenschaftlicher Ergebnisse in die Wirtschaft.

Wenn wir intelligente Produkte forcieren, um in Marktsegmenten auch in Zukunft ökonomische Chancen zu wahren und damit den Arbeitsmarkt in Ordnung zu halten, dann sind vor allem im Wissenschafts- und Forschungsbereich an den Universitäten, aber auch in Forschungseinrichtungen außerhalb der Universitäten Investitionen dringend notwendig.

Was wir als Stadt dazu beitragen können, haben wir in der Praxis bereits gezeigt. Wir versuchen beispielsweise zu helfen, indem wir Grundstücke bereitstellen (bis heute wurde dafür die 1-Milliarde-Schilling-Grenze überschritten), um im Bereich der Wissenschaft international konkurrenzfähige Einrichtungen zu schaffen.

Die Stadt Wien wird sich in Zukunft noch mehr um die Kooperation mit den Universitäten annehmen. Ich verstehe darunter nicht nur beispielsweise die Entwicklung von Motoren, sondern in erster Linie Forschungen in Bereichen wie Kommunikation und Biotechnologie. Dazu zählen vor allem Fragenkomplexe wie z.B. die Abschätzung von Technologiefolgen, die von eminenter Bedeutung für die Zukunft sind und auch große Chancen bieten, hochwertige Arbeitsplätze in unserer Stadt zu sichern.

In sehr kurzer Zeit ist es gelungen, den Wiener Wirtschaftsförderungsfonds zu reformieren und ihn von der guten Arbeit, die er leistet, in die nächste Entwicklungsphase einer offensiven Förderungs- und Unterstützungspolitik zu heben. Der Wiener Wirtschaftsförderungsfonds hat die Aufgabe, Infrastruktur und Grundstücke für ansiedlungswillige Betriebe beizustellen, hervorragend erfüllt. Heute geht es jedoch darum, nicht bloß dazusitzen und zu warten, bis einem sozusagen die gebratenen EU-Tauben ins Maul fliegen, sondern mit jener charmanten Aggressivität, die uns Wiener auszeichnen sollte, offensiv für die Vorteile zu werben, die es unbestreitbar bringt, am Wirtschaftsstandort Wien zu investieren.

Es ist kennzeichnend für eine sozialdemokratische Politik in dieser Stadt, daß wir uns einerseits auf die Reform des Wiener Wirtschaftsförderungsfonds konzentriert haben, andererseits aber mit dem neu gegründeten Arbeitnehmerförderungsfonds eine notwendige soziale Absicherung schaffen und die Verbindung zu einer Qualifikationsverbesserung herstellen konnten. Der Wiener Arbeitnehmerförderungsfonds ist keine rein soziale Einrichtung, sondern dient vor allem dazu, eines der größten Kapitalien – Marx hat es als das „variable Kapital“ bezeichnet – zu fördern. Ein wesentlicher Vorteil dieses Wirtschaftsstandortes Wien besteht darin, die Qualität der Arbeitnehmerinnen und Arbeitnehmer gerade im Hinblick auf die Ausbildung entsprechend hervorzuheben.

Stadt der Kultur

Wo immer man heute hinkommt, wird man darauf angesprochen: Wien sei die Stadt der Musik und des Theaters, mit wechselvoller Geschichte, seit neuestem die Stadt des Musicals, auch wenn es manche alteingesessene konservative Kulturkritiker österreichischer Tageszeitungen stört, die meinen, Musical sei zu modernistisch. Ich frage mich, was derlei Menschen eigentlich zu Techno sagen.

Ich stelle mich gegen die Unterteilung in eine Hochkultur und eine Alternativkultur. Wer im Sommer zum Filmfestival auf den Rathausplatz geht und sieht, wie Zehntausende Menschen dorthin kommen, um diese Kombination aus nicht immer leichter klassischer Musik und den umliegenden Restaurationsbetrieben mit (durchaus auch preislich) hohem Niveau zu genießen – wer sich das vergegenwärtigt, der wird mir helfen müssen, die Grenzen zwischen „den Kulturen" zu ziehen.

Um bei der Musik zu bleiben: Man muß sich fragen, was Alternativkultur – angesichts der ungeheuren Schnellebigkeit, mit der Musikentwicklungen schon im rasanten Rhythmus eines Videos erfolgen – überhaupt sein kann. Was gestern noch als modern und alternativ galt, befindet sich heute im Grenzbereich zur Klassik.

Mir geht es um den Kulturausdruck der Lebensfreude. Leider gibt es in dieser Stadt auch Menschen, die ihre politische Perspektive und ihre politische Hoffnung daran messen und danach einordnen, anderen Hoffnungslosigkeit einzureden, unter dem Motto: „Wien darf nicht Chicago werden." Sie leben davon, gerade auch in diesem Überbaubereich Kulturkampf zu führen. Gleichgültig, ob beim großen Fest des Friedens am Heldenplatz oder bei einer Kulturveranstaltung irgendwo in einem Kellerlokal – was nicht in den Kram paßt, was nicht über einen (blauen) Kamm geschoren werden kann, das muß ihrer Meinung nach wie „entartete" Kunst bekämpft und ausgemerzt werden.

Dies ist eines der Kernelemente der Auseinandersetzung in dieser Stadt. Wir werden aber nicht zulassen, daß man den Menschen die Lebensfreude in der Stadt ausredet und wegnimmt, und wir werden nicht zulassen, daß es nach früherem Vorbild zu einer blauen Zensur kommt. Diese Stadt bleibt eine kulturell offene Stadt!

Ökologische Stadt

Viele ausländische Gäste, die zu wissenschaftlichen Kongressen nach Wien kommen, loben diese Stadt. Gelegentlich verkaufen wir unser Image jedoch erbärmlich. Wir reden von Klimaschutz im Gefolge der Diskussion über die „nachhaltige" Stadt („sustainable cities"). Seit der Konferenz von Rio (UN-Conference on Enviroment and Development 1992) ist die CO_2-Produktion bis heute weltweit um 12% gestiegen. Das soll „Nachhaltigkeit" sein? In Wien ist im selben Zeitraum die CO_2-Produktion um 8% gesunken. Wir sprechen wahrscheinlich deswegen nicht so viel darüber, weil wir redliche Makler unserer ökologischen

Sache sind. Sicher sind wir weit davon entfernt, jene Ziele zu erreichen, die die verschiedenen internationalen Konferenzen gesteckt haben. Aber die Entwicklungsrichtung stimmt. Während, generell gesehen, in der Welt das glatte Gegenteil geschieht, insbesondere in den großen Industrie- und Agrarländern, haben wir es in der kleinen Stadt Wien – und weltweit gesehen sind wir eine kleine Stadt – immerhin geschafft, gerade im Bereich einer sich durchaus ökologisch entwickelnden Energiepolitik einen Schritt in die richtige Richtung zu setzen.

Deswegen muß man hinsichtlich einer ökologischen Stadtentwicklung sehr gut überlegen, welche strukturellen Voraussetzungen man dafür bietet. Ist es der Weisheit letzter Schluß, öffentliche Einrichtungen der Privatwirtschaft und damit den Marktgesetzen zu übergeben? Ist es wirklich sinnvoll, öffentlichen Waldbesitz in eine Aktiengesellschaft umzuwandeln und nachher zu klagen, daß man dieser keine ökologischen Aufträge abverlangen kann?

Ich bin nicht der Meinung, daß sich jeder Wald in öffentlichem Besitz befinden muß. Aber ich halte es für unsinnig, einen Wald im Umfeld einer Stadt, dem man ökologische Schutzfunktion als Wasserschutz oder Bannwald beimißt, dem privatwirtschaftlichen Verwertungsdruck auszusetzen. Beides zugleich ist mit Sicherheit nicht möglich.

Die Stadtverwaltung ist freilich nicht für alles zuständig. Sie muß nicht unbedingt eine Apotheke betreiben, und ich werde mich darum bemühen, daß Einrichtungen wie etwa das städtische Weingut in die Selbständigkeit entlassen werden, ohne es gleich phantasielos zu verkaufen. Auf der anderen Seite gibt es gerade für die ökologischen Rahmenbedingungen einer Stadt notwendige Infrastruktureinrichtungen, die im öffentlichen Eigentum bleiben müssen, weil sie sonst ihre ökologische Funktion nicht erfüllen können.

Wir sehen uns auch einer internationalen Aufgabe gegenüber, denn eines der Argumente, mit denen Österreich in der Europäischen Union willkommen geheißen wurde, war neben der Ökonomie und der Kultur auch der ökologische Beitrag Österreichs zu einer europäischen Entwicklung.

Es geht dabei um zweierlei, nämlich um den Beitrag zu Forschung und Entwicklung und um gemeinsame Bündnispartner in Europa, mit denen wir Sozialdemokraten ökologische Initiativen setzen können.

Unseren östlichen Nachbarn muß gerade im ökologisch-ökonomischen Bereich geholfen werden. Es gilt, jene Kräfte in unseren Nachbarländern zu unterstützen, die sich – wie viele andere europäische Länder auch – bemühen, aus der Kernenergie auszusteigen und sie zu substituieren. Das ist mit Sicherheit eine unserer wichtigsten Aufgaben.

Stadt des Friedens

Eine Stadt des Friedens wird gerne gleichgesetzt mit einer Stadt des Dialogs, des Gesprächs, mit einer internationalen Stadt. Wien ist eine internationale Stadt, die eines der Hauptquartiere der UNO beherbergt, in der EU für die Arbeits- und Dialogprozesse Bedeutung hat und eine der größten und wichtigsten Konferenzstädte der Welt ist.

Das sind sicher hervorstechende Merkmale, aber für uns wahrscheinlich zu wenige. Wir müssen vor allem die Fragen des inneren Friedens und der inneren Sicherheit diskutieren, und das ist einer der Kernpunkte, an denen sich konservative und reaktionäre von der sozialdemokratischen Politik unterscheidet.

Immer wieder erhebt die konservative Seite Forderungen nach mehr Polizei. Selbstverständlich soll die Polizei bestmöglich ausgerüstet sein und eine entsprechende psychologische Ausbildung erhalten, zu der beispielsweise das Bewältigen von Konfliktsituationen gehört. Sicherheit bedeutet aber wesentlich mehr als lediglich eine größere Anzahl an Polizisten. Dazu gehört vor allem eine Ausgewogenheit der sozialen Verhältnisse in einer Gesellschaft. Kriminalität im eigenen Land ist zunächst dadurch zu bekämpfen, daß die sozialen Verhältnisse in Ordnung gehalten werden.

Organisierte Kriminalität in Europa muß ebenfalls derart hintangehalten werden. Es ist schlichtweg inakzeptabel, daß das europäische Projekt bis zu 20% Arbeitslosigkeit in Kauf nimmt. Das ist keine passende Antwort auf Fragen der Sicherheit.

Natürlich müssen wir mit der Polizei kooperieren, wenn es sich um die Bekämpfung des politisch motivierten Terrorismus handelt, und dafür sorgen, daß gegen organisierte Kriminalität entsprechend vorgegangen wird. Aber die Prioritäten müssen sich danach richten, nicht die Symptome, sondern die Ursachen zu bekämpfen.

Je weiter ich in Europa Richtung Westen fahre, desto unverständlicher wird gelegentlich die Position, die ein österreichischer Sozialdemokrat im Hinblick auf die Sicherheit gegenüber dem Osten einnimmt. Die Auseinandersetzung besteht darin, daß wir als österreichische Sozialdemokraten die Auffassung vertreten, keinen neuen Eisernen Vorhang zu brauchen. Es bedarf einer Grenze, die die Entwicklung aller kulturellen und ökonomischen Möglichkeiten offenläßt. Das Abkommen von Schengen kann doch nicht bedeuten, daß wir wieder Wachtürme und Stacheldrahtzäune errichten. Mit der Hilfe und dem Verständnis der Europäischen Union muß es uns gelingen, die Zusammenarbeit mit unseren osteuropäischen Nachbarländern fortzusetzen und deren Lebensstandard zu steigern.

Wir können daher mit den konservativen Vorschlägen, Österreich als Kasematte der Sicherheit, als vorgeschobenen Posten auszubauen, damit in Europa ein „Kerneuropa" – was immer das sein soll – entsprechend geschützt sei, nichts anfangen. Eine Reduzierung Österreichs auf seine alte Funktion als Ostmark wie vor tausend Jahren entspricht nicht unseren Vorstellungen. Wir sollten uns an jene international anerkannte Rolle Österreichs erinnern, wie sie auch westliche europäische Konservative geschätzt haben – als eine Brücke zwischen zwei Systemen, dem kapitalistischen und dem kommunistischen, nicht nur in wirtschaftlicher Hinsicht, sondern auch in vielen anderen Bereichen.

Nicht alle Probleme der Reformländer sind freilich durch den Westen lösbar; vor allem am Balkan gibt es tiefe politische und religiöse Gräben, die ebendort und nur dortselbst zugeschüttet werden müssen. Selbstverständlich ist jeder ein unredlicher Makler seiner Sache, der mehr verspricht, als er halten kann. Das steht außer Zweifel, und deswegen muß auch der Zuzug nach Österreich reguliert werden.

Es darf aber in der Behandlung der Menschen, die nach Österreich kommen, keine Unterschiede geben: weder in der Behandlung durch die Polizisten noch in der Behandlung durch andere. Natürlich wird es Regeln geben müssen, nach denen wir vorzugehen haben, aber wir haben Humanität bei den Menschen, die bei uns sind, die bei uns arbeiten, die bei uns Hilfe suchen, ohne Diskussionen anzuwenden.

Ein schwerwiegendes Problem des Arbeitsmarktes ist die Ausländerarbeitslosigkeit in Österreich, die doppelt so hoch ist wie die Arbeitslosigkeit der Österreicher. Damit müssen wir uns im Hinblick auf Investitionen, die wir in Österreich zu tätigen haben, auseinandersetzen, nicht zuletzt auch in einer gemeinschaftlichen Aktion der Gebietskörperschaften. Wenn Wien 46% seines Budgets in nachfragewirksame Ausgaben steckt, also in arbeitsplatzsichernde Maßnahmen, sollte man doch erwarten können, daß auch andere Gebietskörperschaften – etwa der Bund – ihre Investitionsquoten wieder entsprechend ansteigen lassen, weil auch wir ein konsolidiertes Budget brauchen. Vor diesem Hintergrund sind die Investitionspolitik und die Sicherung des Arbeitsmarktes auf EU-Niveau genauso wichtig wie die Fragen der Währungsunion.

Die Diskussionen, die wir innerhalb unserer Bewegung für entsprechende Besserstellungen und Integration führen, sind vollkommen anders, als jene, die zu uns hereingetragen werden. Es kommen Vorschläge, Bosnier in plombierten Viehwaggons wieder auf den Balkan zurückzuführen oder alle Farbigen auszuweisen, weil jeder Farbige automatisch ein Dealer sei. Es ist absurd, welche Diskussionsbeiträge in Österreich immer noch ohne Sanktionen bleiben und nicht mit einem sofortigen Rückzug aus dem politischen Leben verbunden sind.

Wenn wir Sozialdemokraten über die Entwicklung europäischer Städte und gerade über Wien reden, betrifft das immer Probleme. Das mag seine Richtigkeit haben, gerade bei unserem Hang zum Perfektionismus. Es fällt uns anscheinend kaum mehr auf, daß wir bei allen Problemen eine unvergleichlich schöne Stadt haben, in der viele ausländische Bürger gerne leben würden. Begreifen wir das als eine Chance. Denn das Prinzip der Zukunft heißt nicht Misanthropie, sondern Hoffnung.

Wir dürfen nicht nur auf Lobbies reagieren

Frank Dobson

Was die Sozialdemokratie sowie ihre Weiter- und Neuentwicklung anbelangt, sind umfassende städtische Planungsvorhaben immer antisozial und antidemokratisch.

Die Labour Party hat sich zum Ziel gesetzt, die Bürger mitbestimmen zu lassen und sie in die Entscheidungsfindung miteinzubeziehen. Das ist theoretisch leicht und schön gesagt und hat auch viele praktische Vorteile. Wenn die Menschen besser informiert sind, werden wahrscheinlich auch die Entscheidungen des Magistrats oder des Rathauses leichter aufgenommen, und man erhält eine größere öffentliche Akzeptanz. Diese Partnerschaft zwischen Stadtregierung und Bevölkerung muß weiter gefördert werden. Dafür ist gegenseitiges Vertrauen notwendig, und deshalb muß die Vertrauensbasis zwischen den Bewohnern der Städte und dem Rathaus verbessert werden. Sehr oft entstehen diese Kontakte, weil man auf eine Situation reagiert, die schiefgegangen ist. Das können beispielsweise Probleme in einem Wohnbezirk sein, den man erneuern will und dessen Mieter sich dagegen wehren, oder irgendwelche Schwierigkeiten in der Schule, wo dann Elternvereine aktiv werden. Erst wenn öffentlich Unmut geäußert wird, reagiert man von offizieller Seite. Es ist schlecht, Vertrauen auf einer Ausgangsbasis aufzubauen, die aus gegenseitigem Mißtrauen entstanden ist. Man sollte, wenn möglich, proaktiv sein; also von vornherein Vertrauen schaffen.

Die Menschen wollen eine bessere Lebensqualität, ein besseres Heim, mehr Sicherheit. In Großbritannien gibt es bereits einige Ansätze, die Mieter in Entscheidungen einzubinden. Wie funktioniert das? Es sind sehr oft die Mieter, die auf Probleme aufmerksam machen und gleichzeitig mithelfen, sie zu lösen. Man involviert die Mieter dann auch im Management, in sogenannten Mietergenossenschaften. Es gibt Beispiele für Mieter, die das Design eines Wohnprojektes mitgestalten. In Covent Garden haben wir uns besonders an die Frauen gewandt, um zu erfahren, wie sie ihre Wohnungen gestaltet haben wollen, wie der Küchengrundriß aussehen soll etc. Der Architekt, der dieses Projekt betreute, erzählte mir, er habe aus dieser Zusammenarbeit mit den Frauen mehr über Küchen und über Wohnungsgestaltung gelernt als in den 40 davorliegenden Jahren seiner Karriere.

In letzter Zeit entstehen in London immer mehr Bürgerforen. Das Rathaus trifft sich dabei mit verschiedenen Gruppen und diskutiert über verschiedene Themen. Z.B. kann bei uns über die Verwendung von Sportzentren und Parks in großem Maß mitentschieden werden.

In Großbritannien gibt es – im Gegensatz zu Österreich – eine enorme Gewaltbereitschaft. Die Verbrechensrate steigt und ebenso der Vandalismus. Unsere öffentlichen Parks sind wirklich bedroht. Wir können diese Situation nur in den Griff bekommen, wenn wir die Anrainer in das sogenannte „Parkmanagement" einbeziehen und ihnen ein Mitspracherecht zubilligen.

Noch ein Gedanke: Es ist sicher wichtig, daß das Rathaus auch mit Aktivisten Gespräche führt. Man muß dabei nur sicherstellen, daß Entscheidungen, die getroffen werden, sich wirklich an allen orientieren und nicht nur an der kleinen Gruppe der Aktivisten. In diesem Zusammenhang sind Meinungsumfragen hilfreich. Auch dabei kann es zu Problemen kommen, beispielsweise bei den Schulen. Es ist meist so, daß die Eltern, die durch ihre Kinder in direktem Kontakt zu den Schulen stehen, mit diesen oft wesentlich zufriedener sind als die allgemeine Öffentlichkeit, die ihr Wissen über Schulen nur aus dem Fernsehen, dem Radio und der Presse bezieht.

Was immer wir tun, wie weit immer wir die Bevölkerung einbeziehen, wie weit immer wir auf sie hören – wichtig ist, daß alles das an den Zielen und Werten der Sozialdemokratie gemessen werden muß. Wir dürfen nicht einfach nur auf Lobbies reagieren; das wäre falsch. Unsere Entscheidungen – dies gilt für Österreich ebenso wie für Großbritannien und alle anderen Länder – müssen immer auf sozialdemokratischen Werten beruhen.

Für die Konservativen verkörpern die Städte das Böse

Pasqual Maragall

Meine Ausführungen befassen sich mit den Städten in Europa und ihrer Entwicklung zwischen 1990 und 1996. Das erste Dokument, das ich erwähnen möchte, ist die Deklaration von Rio und Barcelona aus dem Jahr 1992, eine Art Mischung zwischen olympischem Geist von Barcelona und der Umwelterklärung von Rio. Aus dieser Deklaration Rio-Barcelona entstanden unterschiedliche Sektoren, die sich mit den verschiedensten Themen beschäftigen. Ein Thema etwa war die „nachhaltige" Stadt mit nachhaltigen Werten. Es folgten die Deklarationen von Amsterdam und Heidelberg. Als weiteres Thema wurde die „gesunde Stadt" diskutiert. Aus Frankreich stammt der Themenbereich über „sichere" Städte, aus Barcelona (1990) der Begriff „Bildungsstädte". Auch in Göteborg und in Bologna sowie Ende September 1996 in Chicago fanden Kongresse statt. Interessant erscheint mir in diesem Zusammenhang die Charta der Bildungsstädte.

Ich erwähne die Deklaration von Bologna, die am 28. Jänner 1995 in einer Sitzung vorgetragen wurde, bei der Pierre Mauroy den Vorsitz führte. Diese Deklaration ging von der Internationalen Sozialistischen Bewegung aus, von Mitgliedern aus Europa, den Vereinigten Staaten, Afrika und Asien, und enthält 21 gewichtige Punkte.

Die Welt ist – wie wir alle wissen – zu einem globalen Dorf geworden, das es zu gestalten gilt. Das globale Dorf kann gleichzeitig auch eine einzige globale Stadt mit revolutionären Veränderungen im Handel, im Transport und in der Telekommunikation sein. Wir Sozialdemokraten sehen die Welt als ein System von Städten. Diese Städte sind zweifelsohne zu einem Problem geworden. Ich erinnere mich an einen Leitartikel im „Economist" vor zwei Jahren, der die Überschrift trug: „Die Hölle ist eine amerikanische Stadt". Mehr braucht man dazu nicht zu sagen. Der Autor mußte jedoch nach zwei Jahren diese Überschrift etwas modifizieren, denn viele Städte haben bewiesen, daß es sehr wohl eine positive Korrelation zwischen Bildung, Gesundheit und Lebenserwartung gibt. Dort, wo die Probleme angegangen wurden, stellten die sogenannten „Problemstädte“ eigentlich die Lösung des Problems dar. Städte beinhalten nur die Probleme der Menschheit insgesamt. Wenn es uns nicht gelingt, die städtischen Probleme zu lösen, dann werden wir auch die Probleme der Menschheit nicht lösen können. Wir müssen daher gemeinsam in die Städte gehen und uns ansehen, welche Ungleichheit, welche Ungerechtigkeit es gibt.

Als wir in Rio (UN-Conference on Environment and Development 1992) unsere Anliegen vorbringen wollten, stießen wir auf Schwierigkeiten bei den Vereinten Nationen. Boutros Boutros-Ghali meinte, hier seien nur Nationen vertreten, und Städte könnten keine Stimme erheben, eventuell noch NGOs (Nicht-Regierungs-Organisationen). Das hat sich dann in Istanbul geändert.

Bevor ich auf Istanbul (Habitat II – 1996, UN-Weltgipfelkonferenz zum Siedlungswesen) eingehe, will ich daran erinnern, daß konservatives Gedankengut sowohl in Europa als auch in Amerika immer großes Mißtrauen gegen die Städte enthält. Für die Konservativen verkörpern die Städte das Böse, eine Gefahr für die Familien etc. Ein typisches Beispiel dafür ist Margret Thatcher, die in den frühen 80er Jahren versuchte, Londons Stadtstruktur überhaupt zu zerstören. Die Konservativen dachten, wenn man dieses Prinzip verfolge, löse man das Problem. Das war selbstverständlich völlig falsch. Deshalb hat die Labour Party jetzt groß auf ihre Fahnen geschrieben, daß London wieder eine eigene Stadtregierung und einen eigenen Bürgermeister bekommen soll. Ich zweifle nicht daran, daß die Labour Party die nächsten Wahlen gewinnen wird. Die Leute fühlen, daß gerade in dieser Angelegenheit die Konservativen einen großen Mangel an Sensibilität an den Tag legen.

In Istanbul fand also die erste Städteversammlung statt. Erstmals wurden gemeinsame Gedanken vor den Nationen geäußert. Das war wichtig, da während der Gipfelkonferenz die Meinungen über die Bürgerrechte und Schutzmaßnahmen in den Städten divergierten. Es herrschte große Angst, zuwenig Geldmittel zur Verfügung zu haben, um all diesen Forderungen gerecht zu werden. In diesem Fall kamen die Städte noch vor dieser Gipfelkonferenz zusammen und konstatierten, daß sie volle Freiheit über die Finanzen haben wollten. Am Ende der Nationenkonferenz bekamen die Städte auch tatsächlich das Recht zugesprochen, sich selbst zu organisieren.

Unter Punkt 4 der Rio-Deklaration wird etwas sehr Wichtiges angesprochen: So viel wie nur möglich soll auf lokaler Ebene erledigt werden. Das gilt jetzt auch für die Regierungskonferenz der EU. Der Unionsvertrag wird diesbezüglich neu überdacht und revidiert. Man weiß, daß viele Probleme anstehen – z.B. die Kohäsionsprobleme und die sozialen Probleme. Der Basis muß mehr Verantwortung übergeben werden. Dabei steht das Subsidiaritätsprinzip im Mittelpunkt.

Artikel 3a in der Maastricht-Erklärung verweist ebenfalls darauf, daß die Nationen zuerst kommen und Europa später. Aber das ist nur eine sehr eingeschränkte Interpretation der Subsidiarität. Was wir brauchen, ist das echte Prinzip von unten nach oben. Je näher die demokratische Kontrolle ist, desto besser.

Die österreichische Verfassung enthält einen Passus, nach dem Nicht-Bundesangelegenheiten auf die nächstniedrigere Ebene zu delegieren sind. Das ist das Thema, das bei der Regierungskonferenz im Vordergrund stehen sollte: die Subsidiarität.

Sozialdemokraten müssen hier ganz klar feststellen, daß die Probleme Europas nur in den Städten gelöst werden können. Die Bewohner der Städte werden die Europäische Union nur akzeptieren, wenn die Europäische Union auch die Städte akzeptiert. Das alles sollte natürlich im sozialdemokratischen Geist geschehen.

Arbeit schaffen durch starke Wirtschaftsregionen

Niedriglohn versus Vollbeschäftigung

Rudolf Edlinger

1. Wir befinden uns in einer ungemein spannenden Epoche evolutionärer Veränderungen, den größten seit 1945, und sie sind in verschiedenen Bereichen gleichzeitig eingetreten. Könnten wir die Zeit um zehn Jahre zurückdrehen, dann hätte mir im Sommer 1986 niemand geglaubt, dem ich damals vorausgesagt hätte, daß dreieinhalb Jahre später die Berliner Mauer fallen würde. Wahrscheinlich hätte man mich für verrückt erklärt.
2. Zeitgleich haben die Westeuropäer in der Europäischen Union einen weiteren Qualitätsschritt dahingehend getan, eine engere und erweiterte Wirtschaftsgemeinschaft zu schaffen. Bekanntlich ist Österreich eines jener drei Länder, die mit 1. 1. 1995 neu in die EU eingetreten sind.
3. Der dritte Faktor ist die Globalisierung der Wirtschaft. Durch neue Technologien und Kommunikationsmethoden ist die Standortfrage heute nicht mehr von so großer Bedeutung. Vor allem große Unternehmen sind bereits in der Lage, ohne nennenswerte Schwierigkeiten Produktionsbereiche dorthin zu verlagern, wo Arbeit besonders kostengünstig erledigt werden kann.

Diese drei Faktoren haben alles auf den Kopf gestellt, was wir bisher an Parametern des wirtschaftlichen Handelns kannten.

Zuerst wurde der Konnex zwischen Wachstum und Beschäftigung angesprochen. Wenn vor 10 Jahren jemand ein 2%iges Wirtschaftswachstum prognostiziert hätte, dann hätten alle Politiker und Wirtschaftsforscher gewußt, daß am Arbeitsmarkt nichts passiert. Ein 3%iges Wirtschaftswachstum hätte bedeutet, daß in einem gewaltigen Maß Arbeitskräfte gebraucht worden wären. Das stimmt alles nicht mehr. Wir haben in Österreich ein Wirtschaftswachstum von etwa 2%, noch dazu bei einer Inflation, die, verglichen mit früheren Dezennien, traumhaft niedrig ist. Trotzdem nimmt die Zahl der Beschäftigungslosen nicht ab, weil die weltweite Wettbewerbssituation, in der wir uns befinden, dazu geführt hat und weiter dazu führen muß, daß Rationalisierungen, d.h. Produktivitätssteigerungen vorgenommen werden. Dazu kommt noch etwas spezifisch Österreichisches: Wir haben uns – damit meine ich nicht nur den Bereich der verstaatlichten Industrie und der Verwaltung – zwar geographisch immer im Zentrum Europas befunden, politisch aber in einer Nische. Es hat philosophische Diskussionen darüber gegeben, ob Wien die westlichste Stadt des Ostens oder die östlichste Stadt des Westens sei. Die österreichische Wirtschaft hat sich im Bereich des privaten wirtschaftlichen Handelns selbst einen bestimmten geschützten Bereich geschaffen und sich vehement gegen den Wettbewerb von außen abgeschirmt. Durch die Tatsache, daß wir als neutraler Staat keinem Wirtschaftsblock angehörten, konnten wir bestimmte innerösterreichische Schutzmechanismen gegenüber anderen entwickeln.

Auf diesem Klavier haben wir wunderbar gespielt, und nun stimmen alle diese Faktoren nicht mehr. Der allgemeine Wettbewerb, der weltweit zu einer anderen Betrachtungsperspektive der ursprünglich gültigen wirtschaftspolitischen Parameter führt, erfordert Kraftanstrengungen der besonderen Art.

Daher stellt sich uns die Frage: Wie haben wir die neuen Rahmenbedingungen angenommen, die sich für die österreichische Wirtschaft stellen, und welche Konsequenzen im wirtschaftspolitischen Handeln haben wir daraus gezogen?

In einer Zeit, in der eine politische Entscheidung ansteht, kann sich der durchschnittliche Betrachter der politischen Diskussion überlegen, ob er mehr dem glaubt, der schönfärbt, oder jenem, der schwarzsieht. Wie auch immer – die Diskussion findet in einer Argumentationssituation statt, die Polarisierung und Demagogie zuläßt.

Wien ist der bedeutendste Wirtschaftsraum Österreichs. 20% der Einwohnerschaft unserer Republik leben hier. Wir haben in Wien ein Viertel der Arbeitsplätze, die in Gesamtösterreich angeboten werden, und wir erarbeiten als Wienerinnen und Wiener ein Drittel des Brutto-Nationalproduktes. Aus dieser Zahlenreihe ist völlig klar abzuleiten, daß wir uns hier in einem gesamtösterreichisch wichtigen Wirtschaftsraum befinden. Die politisch-geographische Grenze zwischen Wien und Niederösterreich hemmt uns einigermaßen, um bestimmte reale Kennzahlen der Region Wien tatsächlich zu messen, denn für viele Unternehmer ist es egal, ob ihre Firma in Wien 23 oder in Brunn am Gebirge steht.

Als Wienerinnen und Wiener haben wir, wenn es darum geht, innerösterreichische Regionalpolitik zu bewerten, in einem ganz besonderen Maß stärker aufzutreten als bisher. Wenn man Politik beurteilt, wie sie in Österreich betrieben wird, dann scheinen die Wiener in ihrem politischen Verhalten die einzigen Österreicher zu sein. Das wird schön langsam zu einer – wie ich meine – belastenden Haltung.

Noch eine Zahl: Wien bietet 49 Arbeitsplätze auf 100 Einwohner. Das ist eine ungeheure Dichte. Kein Bundesland hat für zwei Einwohner fast einen Arbeitsplatz anzubieten. Daher sind wir aufgrund dieser Wirtschaftsstruktur eine Stadt, ein Wirtschaftsraum, in den häufig und viel gependelt wird. Diese Stadt nimmt auch im internationalen Bereich einen wichtigen Stellenwert ein. Wir merken das an unseren City-Marketing-Aktivitäten im Fernen Osten – China, Japan oder Südostasien –, wo es überhaupt keine Frage ist, daß jeder Wien kennt.

Nun zur Beschäftigungslage: Wenn europaweit von einer 11%igen Arbeitslosigkeit die Rede ist, muß man wissen, daß in der Europäischen Union ein ganz anderes Zählungsinstrument eingesetzt wird als in Österreich. Am offensten ist die Zählung der OECD, die jemanden als beschäftigt ansieht, wenn er im Monat drei Stunden arbeitet. Nach unserer Zählung sind solche Personen natürlich nicht beschäftigt. Daher sind Vergleiche schwierig, und Arbeitsplätze entstehen auch nicht dadurch, daß man sich auf irgendeine Statistik einigt.

In Wien liegt die Arbeitslosigkeit nach der Zählung der Europäischen Union bei rund 4,5%. Wir sind damit die europäische Metropole mit der geringsten Arbeitslosigkeit. In allen Hauptstädten der Europäischen Union ist sie höher, mit Ausnahme Luxemburgs, das aber mit Wien nicht verglichen werden kann. Wenn ich Wiener Wirtschaftsdaten wie Regionalprodukt und sonstige Kriterien, die etwa die Maastricht-Kriterien ausmachen, auf Wien alleine anwende, dann weist Wien gemessen am Brutto-Regionalprodukt eine Verschuldung von 8,5% und eine Neuverschuldung von 1,9% auf. Als isolierter Wirtschaftsraum betrachtet, steht Wien viel besser da als Luxemburg.

Einige weitere Ziffern nach der EU-Zählung: Paris mit einer Arbeitslosigkeit von 10,7% läßt sich mit Wien vergleichen; London weist 11,4%

auf, Berlin 12,1%, Hamburg – die reichste EU-Region – 9,1%. Brüssel, die Metropole Europas, hat eine Arbeitslosenrate von 16,8%!

Von anderen Parteien wird uns vorgeworfen, es herrsche die größte Arbeitslosigkeit, die es in Österreich seit Kriegsende gegeben hat. Dafür kann man uns sicher verantwortlich machen. Aber dann möchte ich, daß die Wirtschaftspolitik der Sozialdemokratischen Partei auch dafür verantwortlich gemacht wird, daß wir die geringste Arbeitslosigkeit innerhalb der Europäischen Union aufweisen.

Das kam und kommt letztlich nicht von alleine. Wien hat ein eigenes Budget. Durch die kluge und maßvolle Budgetpolitik der letzten Jahre verfügen wir über einen eigenen Handlungsspielraum, der es uns ermöglicht, die regionale Wirtschaft spezifisch zu fördern. Im Gegensatz zu Deutschland (gemäß dem Bericht des Deutschen Städtebundes) beabsichtigen wir in Wien nicht, kommunale Einrichtungen zu schließen. Wir bauen weiter Kindergärten, und wir bauen noch immer Bäder. Anderswo werden solche Einrichtungen zugesperrt. Allein in den vergangenen drei Jahren wurden in der Bundesrepublik Deutschland in 37 Städten Bäder geschlossen, in 56 Städten Büchereien, in 19 Städten Freizeiteinrichtungen für die Jugend, in 23 Städten Verkehrslinien, in 54 Städten die Kanalreinigung, in 219 Städten die Straßenerhaltung. In 62 Städten hat man sogar die Reinigung der öffentlichen Bedürfnisanstalten reduziert. Nicht alles kann man privatisieren, das hat sich schon bei den Auswirkungen der verfehlten Privatisierungen in Hannover gezeigt.

Wir sind nicht nur in der Lage, unsere kommunalen Infrastrukturen aufrechtzuerhalten, sondern finanzieren etwa im Budget 1996 eigene Programme für Wirtschaftsförderung, die nicht aus Bundesmitteln stammen, in einer Größenordnung von 1,3 Mrd. öS. Wir haben gerade in der schwierigen Zeit von 1995 auf 1996 die Förderung von Innovationen und der Aufschließung von Betriebsflächen verdoppelt. Wien ist die einzige Stadt in Europa, die mit der Einrichtung des Wiener Arbeitnehmerförderungsfonds die Möglichkeit einer kommunalen Nachqualifizierung der Arbeitnehmer geschaffen hat, natürlich in Verbindung mit dem Arbeitsmarkt-Service, sonst würden wir keine Mittel aus Europa erhalten. Politisch gesehen dient die Nachqualifizierung und permanente Weiterbildung von Arbeitnehmern nicht als Instrument der Sozialpolitik, sondern als Instrument der Wirtschaftspolitik.

Gehen wir von den Grundsätzen und theoretischen Überlegungen der Volkswirtschaftslehre aus, dann gibt es den Produktionsfaktor Kapital, den Produktionsfaktor Arbeit sowie den Produktionsfaktor Grund und Boden. Wir betreiben im Raum Wien innovative Wirtschaftsförderung durch Förderungsprogramme für den Produktionsfaktor Grund und Boden, weil wir Gründe kaufen, relativ günstig – EU-konform – aufschließen und an Unternehmen weitergeben. Das ist nicht einfach, wenn 45 Kilometer von uns entfernt ein Ziel-1-Gebiet beginnt, nämlich das Burgenland, und 60 Kilometer weiter die Billiglohn-Konkurrenz in Ungarn und in der Slowakei. Wien hält für die Innovation der Betriebe ein breites Instrumentarium an Förderungen bereit. Allein der Wirtschaftsförderungsfonds siedelt wöchentlich einen Betrieb an. Dazu gehören Standortentscheidungen wichtiger Großbetriebe wie General Motors oder Bender Deutschland mit einer gewaltigen Investition im Bereich der Pharmazie. Erst kürzlich wurde in Wien das Europalager der Firma Grundig eröffnet. Grundig Austria ist der einzige Betrieb des Grundig-Konzerns, der in Europa kaum Arbeitsplätze abgebaut hat. Philips schließt in Nürnberg eine Betriebsstätte und verlagert sie teilweise nach Wien, teilweise nach Ungarn. Der Teil, in dem billiger produziert werden soll, kommt nach Ungarn, der Teil, der in besonderem Maß technisches Knowhow erfordert, kommt nach Österreich.

Unser Wirtschaftsraum steht nicht schlecht da. Die Förderung von Innovation ist aber unbedingt notwendig; die Betriebe schaffen es nicht alleine. Ein weiterer Bereich ist die Förderung der Qualifizierung von Arbeitskräften, vor allem jener, die auf diesem Arbeitsmarkt Probleme bekommen haben. Es ist grundsätzlich falsch zu behaupten, daß jeder, der arbeitslos ist, selbst daran schuld sei. Wir haben die Aufgabe, diesen Menschen den Wiedereinstieg zu ermöglichen und sie in diesem sich ständig verändernden wirtschaftlichen Prozeß als vollwertige Mitglieder des Produktionsfaktors Arbeit einzugliedern. Daher ist gezielte Arbeitnehmerförderung meiner Meinung nach Wirtschaftsförderung und nicht Sozialpolitik, die immer ein wenig auf die Stufe des Almosenbeziehens gestellt wird.

Österreich weist europaweit eines der günstigsten Steuersysteme für Betriebe auf. Wenn die Unternehmer vor allem das hohe Lohnniveau kritisieren, so halte ich dem entgegen, daß deutsche Betriebe dankbar wären, hätten sie bei der Körperschaftssteuer einen Steuersatz von nur 34%. Da bleibt genug Spielraum für bestimmte Bewegungen im Lohnbereich. Würde die Philosophie stimmen, daß geringe Löhne mehr Investitionen und damit mehr Arbeitsplätze zulassen, müßte die Europäische Union in Griechenland, Portugal und Spanien die höchste Beschäftigungszahl aufweisen. Diese These widerlegt die EU durch ihre tagtägliche Praxis. Niedriglohn und Arbeitsplatz, Vollbeschäftigung oder hohe Beschäftigung stehen in keinem wie immer gearteten Konnex.

Wie haben wir unsere Chancen zur Ostöffnung wahrgenommen? Wie keine andere europäische Metropole liegt Wien genau in der Bruchlinie des Wohlstands zwischen Westen und Osten. Die einzige Stadt, die einigermaßen vergleichbar gewesen wäre, ist Berlin. Aber Berlin liegt jetzt eingebettet in der Bundesrepublik Deutschland und schon weiter weg von Polen. Alle anderen Metropolen und starken Wirtschaftsräume sind nicht jener harten Konkurrenz ausgesetzt, die mit einem halbwegs leistungsfähigen Verkehrsmittel innerhalb einer Stunde zu erreichen ist. Wir müssen uns daher in einem besonderen Maß positionieren.

Die Wirtschaftspolitik dieser Stadt erfordert eine Weiterentwicklung unserer wissenschaftlichen und Forschungsressourcen. In kaum einer europäischen Metropole gibt es 800 Forschungseinrichtungen. Dazu gehören wissenschaftliche Einrichtungen der Universitäten und solche von großen Betrieben. Was wir leider nicht schaffen, ist, Ergebnisse von Wissenschaft und Forschung in die Entwicklung und Produktion gehen zu lassen. Das geschieht oftmals anderswo. Daher muß diese Nahtstelle nicht nur im Pharmabereich – z.B. Entwicklung von Impfstoffen gegen Krebs – oder in der Medizin geschlossen werden, sondern auch in der Biotechnik, der Gentechnik (bei allen Einwänden dagegen), der Umwelttechnik, der Fahrzeugtechnik, der Elektronik usw.

In keiner anderen europäischen Stadt befinden sich so viele Spitzenunternehmungen des zukunftsträchtigen Industriezweigs Telekommunikation an einem Standort. Dazu gehören Firmen wie Siemens, Philips, Grundig, Ericsson, Alcatel, Kapsch, und zwar nicht nur die Händler, sondern auch die Produktionsbetriebe derjenigen Teile, die hochqualifizierte Fachkenntnisse erfordern. In Wien konnte bereits ein Telekommunikationsnetz aufgebaut werden. Durch die Wiener Stadtwerke wurden 60% des gesamten Stadtgebietes mit Breitband-Glasfasernetzen ausgestattet. Fast jeder zweite Haushalt wird durch die Telekabel erreicht. Es fehlt nur an einigen rechtlichen Voraussetzungen, um das tatsächlich ausnützen zu können.

Gemeinsam mit dem Bund wird Wien mit Baubeginn 1998 den Technologiepark errichten. Im Bereich der Donauplatte wird mit einer neuen Art Technischer Universität und einer Universität für Welthandel eine Verknüpfung auf dem Sektor Hochtechnologie geschaffen. Die Umsetzung dieser Strategien wird in den nächsten zwei Jahren sicherlich gelingen. In Brüssel muß geklärt werden, ob die Europäer auf Kristallforschungstechnologie verzichten und sich diesbezüglich den Amerikanern und Japanern ausliefern oder nicht. Wir sind jedenfalls bereit, unsere Ressourcen anzubieten, um durch das Institut Eurocrys ein hochtechnologisches Kristallforschungszentrum in Österreich zu errichten.

Der Wirtschaftsstandort Wien weist unbestreitbare Stärken auf. Es fällt allerdings auf, daß zu Diskussionen mit Wirtschaftstreibenden und Interessenvertretungen ganz selten Mandatare der ÖVP eingeladen werden. In all den Diskussionen wird immer wieder betont, daß unsere Stärken in der EU-Mitgliedschaft und in der Nähe zu den Reformländern liegen. In einem Protokoll, das mir die Industriellenvereinigung vor kurzem geschickt hat, werden besonders gelobt: die Wirtschaftskompetenz, die Rechtssicherheit, die politische Kultur, die Sozialpartnerschaft – 90 Streiksekunden im Jahr –, das hohe Ausbildungsniveau der Facharbeiter und die hohe Produktivität, ein innovatives Klima, Präsenz von Hochtechnologie, spezifizierte Dienstleistungen, hoher Umweltschutz, hohe Sicherheit und letztlich eine gute Infrastruktur.

Es gibt auch Schwächen wie Bürokratie und Reglementierung. Wenn wir den Abbau der Bürokratie ernstnehmen, dann dürfen wir nicht davon ausgehen, daß Bürokratie entsteht, weil zwei Drittel der Beamten ignorant und faul sind. Ein Beamter hat die Verpflichtung, genau nach der Gesetzeslage vorzugehen. Jede behördliche Entscheidung hat einen Instanzenzug; sie ist berufbar – das geht bis zum Verwaltungsgerichtshof. Wenn ein Anliegen einmal bis dorthin gebracht worden ist, braucht man über Tempo und rasche Umsetzung von irgendwelchen Investitionswünschen nicht mehr nachzudenken.

Bürokratie entsteht durch die Entscheidungen der politischen Ebene, durch Einbindung vieler Menschen. Man muß daher im Interesse rascher Investitionen und auch der Aufnahme internationaler Konkurrenzsituationen unter Umständen andere Entscheidungen treffen. Hierzu ein Instrumentarium zu schaffen, wird die Aufgabe der kommenden Monate und Jahre sein.

Was ist europäische Beschäftigungspolitik?

Georg Fischer

Europa befindet sich derzeit in einer schweren Beschäftigungskrise. Zwei Zahlen kennzeichnen dies: In der Europäischen Union liegt die Arbeitslosenrate derzeit bei über 11% und die Beschäftigungsquote, das Verhältnis der Beschäftigten zur Bevölkerung im erwerbsfähigen Alter, bei etwa 58%. D.h., 58% der erwerbsfähigen Bevölkerung müssen nicht nur 42% nicht Erwerbstätige im erwerbsfähigen Alter, sondern auch noch die über 65jährigen und die unter 18jährigen miterhalten. Das korrespondiert mit einer der höchsten Arbeitslosenraten, die Europa in den letzten 20 Jahren erlebt hat. Österreich steht im Verhältnis dazu besser da.

Die Problematik dabei ist einerseits eine soziale, aber auch eine tief ökonomische. Hohe Arbeitslosigkeit und niedrige Beschäftigungsbeteiligung sind – neben anderen Gründen – einige der wichtigen Ursachen für unsere Budgetkrisen. Darüber hinaus übt die hohe Arbeitslosigkeit in Europa nicht nur einen direkten Effekt auf den privaten Konsum aus, sondern auch einen sozialpsychologischen, der zum Teil noch stärker ist als der unmittelbare Konsumeffekt. Die Menschen geben ihr Geld vorsichtiger aus, sie investieren und konsumieren weniger. Daraus folgen wiederum negative Rückwirkungen auf die wirtschaftlichen Aussichten, auf den Wirtschaftsprozeß selbst.

Die Europäische Kommission, für die ich seit einigen Monaten arbeite, hat wiederholt konstatiert, daß die hohe Arbeitslosigkeit und das niedrige Beschäftigungsniveau das größte wirtschaftspolitische Problem darstellen. Im Weißbuch „Wachstum, Wettbewerbsfähigkeit und Beschäftigung" von EU-Kommissions-Präsident Jacques Delors wurde dieses Thema von der Kommission erstmals intensiv behandelt.

Zunächst zum Aspekt der Wirtschaftspolitik: Die vergangenen 10 Jahre waren im wesentlichen von zwei Perioden gekennzeichnet. Die erste Periode, von etwa Mitte der 80er Jahre bis 1990, hat für Europa erstaunlich gut ausgesehen. Sie war von einem hohen Wirtschaftswachstum mit durchschnittlich 3,5% und einem für Europa ebenfalls sehr hohen Beschäftigungswachstum von etwas über 1% geprägt. Bis zum Jahr 1990 vollzog sich ein Rückgang der Arbeitslosigkeit auf einen für EU-Europa – nicht für Österreich – sehr niedrigen Wert von unter 8%. In den darauffolgenden fünf Jahren, von 1990 bis 1995, ging das durchschnittliche Wirtschaftswachstum auf 1,5% zurück, und die jährliche Beschäftigung stieg nicht mehr, sondern sank um 0,5%, sodaß 1994 eine Arbeitslosenrate von 11,3% erreicht wurde, die zwar seit damals ein wenig gesunken ist, aber 1996 wieder steigen wird. Es folgt daraus eine wichtige ideologische Erkenntnis: Ohne Wirtschaftswachstum wird es nicht gelingen, das Beschäftigungsproblem in Europa zu mildern, geschweige denn zu lösen.

Was waren die Hauptprobleme, die diese extrem schlechte wirtschaftspolitische Entwicklung in Europa bewirkt haben? Ich möchte hier zwei Punkte hervorheben, deren einer besonders markant ist.

1. Die Hälfte des Beschäftigungszuwachses von 1985 bis 1990 wurde in etwa 12 Monaten wieder zunichte gemacht. Das waren jene Monate, in denen das Europäische Währungssystem zusammenbrach und die Währungsspekulationen innerhalb Europas außer Rand und Band gerieten. Diese Währungsspekulationen hatten nicht nur Effekte auf Länder wie Österreich oder Deutschland – die zu Nettoverlierern wurden, weil eine Abwertung von 25 bis 30% als Ergebnis dieser Spekulationen natürlich nicht durch Lohnsenkungen aufgehoben werden konnte –, sondern auch allgemeine Effekte, die dämpfend auf das Vertrauen in den Wirtschaftsprozeß und erhöhend auf die Zinssätze wirkten. Insgesamt gibt es keinen Zweifel, daß diese Periode der Währungsinstabilität einiges an Wirtschaftswachstum gekostet hat.
2. Die makroökonomischen Reaktionen darauf fallen zu langsam und zu zögerlich aus. Das betone ich deswegen, weil es in Europa eine Tendenz gibt, die großen ökonomischen Schwierigkeiten als solche zu sehen, die im wesentlichen von internationaler Konkurrenzfähigkeit, aus der Konkurrenz der Schwellenländer, also von überall her kommen, nur nicht aus Europa selbst. Man muß aber in einer nüchternen Analyse zur Kenntnis nehmen, daß die größten ökonomischen Probleme in den letzten fünf Jahren aufgetreten sind.

Wir stehen jetzt vor dem Punkt, Europa als Ganzes betrachten zu müssen. Die Lösungen der angesprochenen Probleme lassen sich auch nur noch als europäische Lösungen finden.

Das erste Schlagwort dazu heißt Vollendung des Binnenmarktes; das zweite Schlagwort ist die Währungsunion.

1. Die Währungsunion hat eine sehr wichtige Funktion, nicht nur, um wirtschaftspolitischen und beschäftigungspolitischen Spielraum zurückzugewinnen, sondern auch, um Rahmenbedingungen zu schaffen, in denen Zinssätze wieder auf ein Niveau wie heute in den Vereinigten Staaten absinken können.
2. Hinsichtlich der Sozialpolitik hieß die Botschaft im Weißbuch von Jacques Delors: Europa braucht ein grundsätzliches Überdenken seiner sozialpolitischen und arbeitspolitischen Grundsätze, und zwar in zwei Richtungen:
   - einerseits mehr Spielraum zuzulassen für flexible Anpassungen und
   - andererseits die Höhe der Sozialausgaben kritisch zu überdenken. Seit 1980 stieg der Prozentsatz der Sozialausgaben am europäischen Inlandsprodukt von 24% auf heute 28%; in einigen europäischen Mitgliedsstaaten der Union, zu denen auch Österreich zählt, beträgt er 30%.

Diese 30% fördern keine Beschäftigung oder Erwerbstätigkeit mehr, sondern Inaktivität. Ich möchte das nur an einer Zahl illustrieren: Europa gibt momentan pro Jahr 200 Mrd. Ecu für Arbeitslosenleistungen aus, während die Strukturfonds in Europa in fünf Jahren 170 Mrd. Ecu ausmachen. Das ist ein beachtliches Mißverhältnis. Der Betrag wäre noch höher, würde man andere Sozialausgaben dazurechnen. Wie viele Milliarden Ecu werden für Maßnahmen ausgegeben, die eine Familienpolitik begünstigen, Frauen im Haushalt zu behalten, und wie viele Milliarden werden demgegenüber dafür ausgegeben, um Arbeitsplätze für Frauen und Kindergartenplätze zu schaffen! Dieses Thema wird im Weißbuch sehr deutlich angesprochen. Europa kann sich dem auf Dauer nicht entziehen, wenn es wieder auf einen Kurs kommen will, der stärker auf Beschäftigungsförderung zielt.

Das Thema Steuerpolitik liefert ein besonders gutes Beispiel für die Frage, warum man in Europa andere Überlegungen anstellen muß als bisher. Die Kommission hat schon vor einigen Jahren vorgeschlagen, in größerem Umfang arbeitsbezogene Steuern durch Steuern auf sogenannte nicht erneuerbare Ressourcen zu ersetzen. Das wesentliche Argument dafür ist, daß in den vergangenen 10 bis 20 Jahren die Steuerbelastung auf Arbeit stark gestiegen ist, während die Steuerbelastung auf nicht erneuerbare Ressourcen verhältnismäßig weniger zugenommen hat. EU-Kommissar Monti hat diese Fragen neuerlich untersucht und ist zum selben Schluß gekommen. Man braucht kein Hellseher zu sein, um die Gründe dafür zu verstehen. Arbeit ist der immobilste Faktor. Dieser immobile Faktor läßt sich leichter besteuern als mobilere Faktoren. Lösung stellt dies auf Dauer keine dar.

Nun ein Blick auf die andere Seite der Medaille, von der europäischen auf die lokale oder regionale Ebene. Der europäische Rat hat in diesem Erkenntnisprozeß einen wichtigen Fortschritt gemacht. Im Zusammenhang mit der Diskussion über die Zukunft der Beschäftigung tauchten erstmals Selbstkritik und Reflexion auf. Diskutiert wurde über eine Neuformulierung des Begriffs von Subsidiarität. Subsidiarität ist die Vorstellung, daß nichts, was besser auf einer dezentraleren Ebene geleistet werden kann, auf europäischer Ebene gemacht werden soll. Es stellt sich natürlich die Frage, ob diese dezentralere Ebene immer die Ebene des Gesamtstaates sein muß.

Eine der wichtigen Erkenntnisse scheint mir jene zu sein, daß Wirtschafts- und Beschäftigungswachstum makroökonomische Rahmenbedingungen brauchen. Letztlich werden Wachstum und Beschäftigung nicht in mehr oder weniger zufälligen politischen Grenzen erzeugt, sondern in Wirtschaftsräumen, die untereinander zusammenhängen, in dynamischen oder weniger dynamischen Regionen. Entsprechend dynamisch oder weniger dynamisch fällt dann auch das Wirtschafts- und Beschäftigungswachstum aus. Dem versucht jetzt der europäische politische Prozeß stärker Rechnung zu tragen. Es kommt eine sehr deutliche Botschaft vom europäischen Rat dahingehend, daß Beschäftigungs- und Wachstumsprobleme in den nächsten Jahren entscheidend auf der Ebene regionaler Wirtschaftsräume gelöst werden müssen. Dafür wurde im besonderen die Idee des „territorialen Paktes“ entwickelt. Dahinter steht, daß eine Wirtschafts- und Beschäftigungsdynamik aufgrund der gemeinsamen Aktion der wichtigen Akteure in einer Region oder in einem Wirtschaftsraum erfolgen muß. Für manche Mitgliedsstaaten der Europäischen Union ist es keine besonders traditionelle, ihnen sehr nahestehende Idee, daß die regionalen Sozialpartner in einen solchen Prozeß eingebunden sein müssen. Regionale und lokale Verwaltungsträger müssen in diesem Prozeß eine starke Stellung einnehmen. Europäische Beschäftigungspolitik heißt auch Förderung gemeinsamer, regionaler, lokaler Wirtschafts- und Beschäftigungspolitik. Darauf muß sozialdemokratische Politik in Zukunft gefaßt sein.

Die wirtschaftliche Stärke der Region entscheidet

Technischer Fortschritt läßt sich nicht durch Lohnsenkungen aufhalten

JÜRGEN GRAMKE

Alleine in den 70er und 80er Jahren gingen im Ruhrgebiet 760.000 Arbeitsplätze im Bereich Kohle und Stahl verloren. Das Thema, wie wir wegfallende Arbeitsplätze neu schaffen können, war logischerweise das zentrale Thema, das mich durch die vergangenen Jahre begleitete.

Als Anregung für eine möglichst lebhafte Diskussion zeige ich sieben Grundlinien auf. Danach stelle ich den Maßstab, die Meßlatte für eine wirtschaftsstarke Region dar.

Wandel

Keiner von uns kann darüber, wie die Jahre 2005 oder 2015 aussehen werden, ein Szenario von hoher Wahrscheinlichkeit zeichnen. Früher war es für uns immer üblich, solche Szenarien zu zeichnen und in der Vorbereitung unserer Schritte fast daran zu glauben. Nun gibt keine konstante Linie für die vor uns liegende Zeit – bis auf eine einzige paradoxe Konstante: den ständigen und immer schneller werdenden Wandel. Dieser Wandel richtet sich genau gegen die Grundwünsche der Menschen, die ein Stück Planungssicherheit, ein Stück Vorausschau, aber auch ein Stück Sich-ausruhen-Dürfen herbeisehnen. Auf diesen ständigen Wandel müssen wir uns mental und organisatorisch vorbereiten.

Welchen Namen kann unsere Gesellschaft in den kommenden Jahren tragen?

Die entscheidende Grundlage, wie dieser ständige Wandel bewältigt werden soll, besteht in einem breit angelegten, praxisorientierten und ständig aktualisierten Wissen. Fast alle Versuche, dieser neuen Gesellschaft der Jahrtausendwende einen Namen zu geben, erfassen immer nur Teilbereiche. Der immer häufiger gebrauchte Begriff Kommunikationsgesellschaft wird der Wirklichkeit ebenfalls nur teilweise gerecht. Ein einziger umfassender Name scheint mir vor dem eben geschilderten Hintergrund passend: Wir sind eine Wissensgesellschaft.

Die Motivation für Bildung, für Aus- und Fortbildung muß ständig erneuert werden. Darauf müssen wir uns konzentrieren.

Konkurrenzfähigkeit

Nicht die Lohnkosten sind der Hauptfaktor für wirtschaftliche Konkurrenzfähigkeit, sondern die technische und wissenschaftliche Entwicklung. Das hat auch ein IFO-Bericht formuliert, den die deutsche Bundesregierung zum Standort Deutschland in Auftrag gab:

In der Landwirtschaft wären Pferde und Ochsen auch von Traktoren abgelöst worden, wenn sie weniger gefressen hätten. Telefon und Telefax hätten auch dann die gelben Wagen der Post verdrängt, wenn der Postillion nur zur Hälfte seines Lohnes ins Horn geschmettert hätte. Der Bleisatz in den Zeitungssetzereien gehört nicht deshalb der Geschichte an, weil die Maschinensetzer zu viel verdienten, sondern weil der Computer erfunden wurde.

Die Liste solcher Beispiel ließe sich fortsetzen. Der technische Fortschritt läßt sich nicht durch eine Lohnsenkung aufhalten. Die menschenleere moderne Industrieanlage ist auch für Niedriglohnstaaten typisch. Das weltweite Problem der Arbeitslosigkeit kann nicht durch technischen Rückschritt gelöst werden. Fortschritt hat seine eigenen Gesetze und ist keine Folge der Einkommensentwicklung. Daraus resultiert als wichtigste Bestimmungsgröße für Produktivität – viel wichtiger als die Lohnhöhe – die Verfügbarkeit von Ideen, neuen Lösungen, neuen Produkten und von Investitionskapital. Hier liegt der gesamte Kernansatz.

Um es zusammenzufassen: Entscheidend für uns, für weltweite Konkurrenzfähigkeit sind neue Ideen, sind neue Produkte, der Transfer dieser Ideen und dieser Forschung, Rahmenumstände wie Investitionskapital und einiges andere mehr.

Sparen

Dieses Thema beginnt im Augenblick ganz Europa zu beherrschen. Sparen ist ein wichtiges Instrument, aber es darf nicht zu einer Ideologie werden. Eisernes Sparen im Sinn von Sortieren macht Sinn, eisernes Sparen aus Gründen der Ideologie ist strikt abzulehnen, weil wir damit sehr rasch an ein Ende kommen. Die Bereitschaft, auch finanziell Impulse auszulösen, die gesellschaftliche Identifikation bedeuten, die Lust machen, in einer Stadt, in einer Region zu leben – diese Bereitschaft muß bleiben. Aus dieser Aufgabe dürfen sich weder der Staat noch die Länder oder die Gemeinden zurückziehen.

Umbruchszeit

Eine zwangsläufige Entwicklung des technischen Zeitalters vollzieht sich ohne Alternative: Nach dem Wegbrechen der Landwirtschaft als Schwerpunkt der Beschäftigung folgt nun das Wegbrechen der industriellen Produktion. In den USA sind nur mehr knapp 25% der Arbeitenden in der industriellen Produktion tätig, in Deutschland arbeiten in diesem Bereich noch mehr als 35%. Der ökonomische Prozeß vollzieht sich – wie sich aus diesen Zahlen ergibt – mit immer mehr Leistung und mit immer weniger Menschen.

Das Zauberwort Dienstleistung als eine alles andere auffangende Beschäftigungsmöglichkeit erweist sich als trügerisch. Viele bisherige Dienstleistungsbranchen werden zukünftig weniger Beschäftigung anbieten als bisher. Durch die Technik, die bei Banken, bei Versicherungen, im Handel, bei der Lagerhaltung, im Verkauf usw. eingesetzt wird, werden Arbeitnehmer freigesetzt. Auch in den öffentlichen Verwaltungen finden sie keine Stelle.

Im Erwerbsbereich werden wir also immer weniger bezahlte Arbeitsplätze haben, und dies, ohne daß irgend jemand daran schuld ist. Ganz im Gegenteil: Es handelt sich um eine zwangsläufige Entwicklung, deren Behinderung uns weltweit gegenüber anderen in die Ecke drängen würde.

Alles, was in den USA hinsichtlich Teilzeitjobs läuft, entspricht einer anderen, eben nicht europäischen Kultur. Hier können wir nicht einfach gleichziehen. Was nun? Sollen diejenigen in Nutzlosigkeit versinken, die nicht mehr im Erwerbsleben stehen?

Auf der einen Seite steht die Finanznot der öffentlichen Hand, auf der anderen Seite gibt es immer weniger Arbeitsplätze im Erwerbsleben. Wir werden dazu übergehen müssen, wesentlich mehr Funktionen für die Gemeinschaft durch Menschen ausführen zu lassen, die aus dem Erwerbsleben ausgeschieden sind.

Um z.B. die kommunale Infrastruktur im Ruhrgebiet aufgrund der Finanznot nicht zu verlieren, haben wir mittlerweile über 150 Beispiele von privaten Organisationen, Vereinen und Institutionen, die mit Hilfe von ehrenamtlichen Mitarbeitern Badeanstalten, Stadtteilbüchereien oder Jugendtreffs betreuen. Dieser Trend wird zunehmen.

Metropolregionen als Flaggschiffe

Ich bin fest davon überzeugt, daß die Nationen im wirtschaftlichen Wettstreit immer stärker zurücktreten und daß statt dessen die eigentlichen „Flaggschiffe" in Form von Metropolregionen auftreten werden. Es wird eine neue Positionierung durch die Renaissance der Regionen geben. Globalisierung und Dezentralisierung sind aber keine konträren, sondern komplementäre Prozesse. Diese Erwartung stützt sich auf folgende naheliegende Aspekte: Aus strategischer Sicht müssen die Regionen zu handelnden Einheiten und Bezugsgrößen im globalen und europäischen Wettbewerb werden, weil der Wirkungskreis der einzelnen Kommunen und einzelnen Unternehmen viel zu gering ist. Zentralistische Systeme hingegen sind bei komplexen Problemlösungen zunehmend überfordert. Dezentralisierung und damit Kompetenzverlagerung in die Regionen wird funktional notwendig. Die neue Orientierung der Wirtschaft heißt damit: Effizienz durch Flexibilität.

Dies erfordert regionale Kooperation mit Zulieferern und unternehmensnahen Dienstleistungen sowie die Zusammenarbeit mit wichtigen regionalen Akteuren. Das infrastrukturelle, soziale und kulturelle Umfeld der Regionen wird damit wichtig. Ein Europa der Regionen steigert die politische Bedeutung regionaler Institutionen und regionaler Entwicklungsmuster. Die Regionen werden zu Akteuren, zu Wettbewerbern im wirtschaftlichen Entwicklungskampf. Und ich sage voraus: Wir werden zu einer Europaliga für Metropolregionen kommen, und die Frage ist, wer aus Österreich, Frankreich oder Deutschland darin mitspielt. Im Moment sehe ich als österreichischen Mitspieler allein die Metropolregion Wien. Auch in Deutschland existieren nur vier oder fünf Regionen, die als europa„fit" bezeichnet werden können.

Visionen

Visionen braucht der Handelnde, Visionen braucht die Bevölkerung, Visionen braucht jede Strategie. Leider sind wir sehr wenig mit Visionen konfrontiert. Dazu ein Zitat aus Salomon 29, Vers 18: Da heißt es: Wo keine Weissagung ist, wird das Volk wild und wüst.

Meßlatte für wirtschaftsstarke Regionen

Den Maßstab, die Meßlatte für eine wirtschaftsstarke Region will ich anhand der sieben großen „I" beschreiben:

1. I für Infrastruktur,
2. I für Identifikation der Bürger mit ihrer Stadt oder ihrer Region,
3. I für Integrationsfähigkeit,
4. I für Initiativkraft,
5. I für Innovationsfähigkeit,
6. I für Image,
7. I für Internationalität.

I wie Infrastruktur

Wir wissen, was hochwertige Infrastruktur bedeutet und was man als Grundlage voraussetzen muß.

I wie Identifikation der Bürger mit ihrer Stadt oder ihrer Region

Identifikation heißt, die eigene Stadt/Region Dritten gegenüber erklären zu können und zu wollen.

I wie Integrationsfähigkeit

Damit meine ich den Stil, den Mut und die Entschlossenheit, die Bürger in die Arbeit einer Region mit allen ihren Facetten einzubeziehen. Dazu gehört die Einbeziehung der Akteure – Bürgervereine und ausländische Mitbürger – in Kultur, Wissenschaft und Sport.

Im Ruhrgebiet ist es ein langer Weg gewesen, mit Arbeitskreisen und einem Mäzenatentum für diesen Raum, bis wir so weit gekommen sind, über 250 Unternehmen zu einem Selbstverständnis als Ruhrgebiet zusammenzufassen.

I wie Initiativkraft und Innovationsfähigkeit

Gemeint ist die Fähigkeit, in einer Region unabhängig von staatlichen Förderprogrammen aus sich selbst heraus einen Kräfteverbund zu mobilisieren, in dem private und öffentliche Träger ständig miteinander arbeiten. Der moderne Begriff dafür lautet „public private partnership“. Viele reden davon. Nur ganz wenige in Europa haben dies bisher verwirklicht. Die beste Kommunalpolitik, die beste Regionalpolitik kann ohne die privaten Träger nichts Ausreichendes voranbringen und umgekehrt: Die beste Arbeit der Privaten verliert bei mangelnder öffentlicher Begleitung an Kraft und Chancen.

I wie Image

Das ist das Bild, das sich die Außenwelt von einer Region macht. Diese Einordnung ist wichtig dafür, um anderswo Interessen und Partnerschaft zu finden, als Standort beachtet und gesucht zu werden. Das Image ist so etwas wie das äußere Ansehen, an dem eine Region ständig arbeiten muß.

I wie Internationalität

Jede Region muß Internationalität zur Normalität bei allen Schritten machen; nicht nur bei Konferenzen und besonderen Events, sondern auch in der Tagesarbeit.

Wiener Antenne in Brüssel

Wolfgang Müller

Die Europäische Union ist um ihre eigene Wettbewerbsfähigkeit besorgt. Ihr erwachsen mit den Staaten des Ostens und auch mit den USA starke Konkurrenten. Das wirkt sich auf Förderungsmöglichkeiten aus, bei denen man speziell die Internationalisierung der Wirtschaft fördern will. Ein ähnliches Problem, wie es die Europäische Union weltweit hat, gibt es innerhalb Europas zwischen den einzelnen Staaten und innerhalb Österreichs.

Als Vertreter des Landes Wien in Brüssel versuchen wir einige dieser Problemstellungen anzugehen, um die Wettbewerbsfähigkeit Wiens und insbesondere der Wiener Unternehmen zu stärken. Aus unseren bisherigen Erfahrungen – wir haben fast täglich mit Unternehmen, mit Vertretern von Institutionen, mit Wiener Bürgern in Brüssel, aber auch in Wien zu tun – müssen wir feststellen, daß noch gewisse Entwicklungs- und Anpassungsschwierigkeiten auftreten. Wir sind nicht daran gewöhnt, die Europäische Union als einen Teil der Innenpolitik, als einen verlängerten Teil des österreichischen Staates zu sehen und zu begreifen, daß die Europäische Union wesentlichen Einfluß auf uns hat. Das betrifft auch Förderungen, um die wir uns besonders für Wien kümmern. Jedem Unternehmer ist klar, welche Förderungen er in Österreich von seiten der Stadt Wien oder von seiten des Bundes bekommen kann. Er kennt die Ansprechpartner, er kennt die Förderprinzipien, die Programme. Anders ist es bei der Europäischen Union. Wir brauchen diese Förderungen, einerseits, um im Wettbewerb mithalten zu können, andererseits, um eine gewisse Internationalisierung herbeizuführen, denn diese Förderungen sind an spezielle internationale Kontakte mit anderen Unternehmen gebunden. Die Wettbewerbsfähigkeit Europas soll insgesamt im Ergebnis verbessert werden.

In der Theorie wissen viele über die zahlreichen Förderungsmöglichkeiten Bescheid. In der Praxis müssen wir feststellen, daß sie dieses Wissen noch nicht verinnerlicht haben. Nur langsam schleift sich etwas wie Routine ein. Wir merken es in unserem Wien-Haus in Brüssel daran, daß immer mehr Unternehmer kommen. Es lichtet sich dieser Nebel, als welcher die Europäische Union vielen erscheint, immer mehr. Die Kommission ist offen. Jeder, der mit einem Anliegen nach Brüssel kommt, wird empfangen, sowohl von der Kommission als auch von diversen anderen Institutionen. Seine Anliegen werden ernst genommen. Jeder, der sich selbst in Brüssel ein Bild davon gemacht hat, sieht es wesentlich konkreter und positiver, als es oft von Wien aus wirkt, weniger als Bürokratie und Beamtenapparat.

Es ist das erklärte Ziel des Wiener Verbindungsbüros und auch der Stadt, jeden einzelnen zunächst einmal über die Förderungsmöglichkeiten aktuell zu informieren. Es gibt eine Vielfalt an Förderungen. Sie reichen vom Bereich der Medien, von Filmförderungen, von Förderungsinitiativen im Bereich der Kultur bis hin zu den klassischen urbanen Regionalförderungen und zu Technologie-, Energieförderungen usw. Der nächste Schritt ist, als Ansprechpartner zu dienen, um jedem einzelnen die Möglichkeit zu geben, mit kompetenten Leuten zu sprechen. Weiters gilt es, entsprechende Kontakte zu aktivieren und zunächst bei der Formulierung von Förderungsanträgen behilflich zu sein, um schließlich mit den Antragstellern zur Kommission zu gehen, die Unterlagen zu prüfen und sodann dafür zu sorgen, daß eine optimale Genehmigungsmöglichkeit besteht.

Dieses Service haben die großen Betriebe bereits für sich in Anspruch genommen. Es gibt in Brüssel sehr viele ihrer Vertreter. Für die Klein- und Mittelbetriebe jedoch, die uns ganz besonders am Herzen liegen, besteht das Manko mangelnder Information, und es ist ein langwieriger Prozeß, das zu ändern. Deswegen kümmern wir uns besonders um sie, und sie finden einen Ansprechpartner im Wiener Verbindungsbüro in Brüssel.

Als Ergebnis dieser Anträge sollen Förderungen aus der Europäischen Union nach Wien fließen. Das hat einerseits den Effekt, daß Geld in die Stadt kommt, andererseits besteht aber die Möglichkeit, durch die Bindung der meisten Förderungen – nicht der Regionalförderungen – an internationale Partner, in ähnlichen Gebieten, in ähnlichen Institutionen tätige Unternehmer kennenzulernen und mit ihnen zu kooperieren. Gerade eine solche Kooperation ist in Zukunft für die wirtschaftliche Wettbewerbsfähigkeit besonders wichtig.

Wir sind aber nicht nur für jeden Unternehmer da, für jede Institution, sondern auch für jeden Wiener, der die Europäische Union betreffende Fragen und Interessen hat. Das Wiener Verbindungsbüro in Brüssel fungiert gleichzeitig als Außenstelle für jene, die von Wien aus in der Region – in Belgien, Luxemburg oder Holland – wirtschaftliche Aktivität entfalten wollen. Gleich ähnlich gearteten Büros in Hongkong und Japan fungiert dieses Wiener Verbindungsbüro als Außenstelle für Unternehmen, für Kontakte, für Aktivitäten und Kooperationen mit anderen Unternehmen, etwa für das Legen von Angeboten usw.

Ein weiterer wesentlicher Teil unserer Tätigkeit betrifft die Werbung für den Wirtschaftsstandort Wien. Naturgemäß ist es so, daß in Brüssel, der Hauptstadt der Europäischen Union, sehr viele Institutionen tätig sind: Tausende, Zehntausende von Lobbyisten, Vertreter von Unternehmen, alle wollen sie irgendwelche Anliegen bei der Europäischen Union durchbringen. Diese Vertreter bieten natürlich auch eine Möglichkeit, für den eigenen Standort zu werben. Wenn ein Unternehmen eine Erweiterung vornehmen möchte, so erfolgt das sehr oft über die Brüsseler Ebene, weil man auch ausloten will, wie das wettbewerbsrechtlich aussieht. Brüssel dient als interessanter Standort, um auch den Standort Wien als Ausgangsbasis für die Aktivitäten in den mittel- und osteuropäischen Staaten zu nützen.

Ein Verbindungsbüro erfüllt eine ganz andere Aufgabe als die Kommission selbst. Es geht nicht darum, tatsächlich Politik zu betreiben. Die Politik muß in Wien auf der einen Seite und in Brüssel auf der anderen Seite gemacht werden. Wir wollen versuchen, alle Möglichkeiten auszuschöpfen, die sich uns einerseits als Antenne von Brüssel nach Wien bieten, um aktuelle Informationen über die Osterweiterung usw. zu geben, und auf der anderen Seite die Interessen der Stadt von Wien nach Brüssel durchzusetzen.

Europas Hohes Haus – Das Europäische Parlament

Das Europäische Parlament

Eine einzigartige Institution

Klaus Hänsch

Die Europäische Union hat in der öffentlichen Diskussion keine guten Karten. Kritik an der Europäischen Union bzw. der Europäischen Gemeinschaft hat es immer gegeben. Sie ist notwendig. Wer eine bestimmte Politik aus Brüssel kritisiert, stellt sich deshalb noch nicht gegen die Union.

Aber das Meinungsklima insgesamt hat sich verändert. Die Kritik trifft auch die Institutionen der Europäischen Union, das Parlament nicht ausgenommen. Es sei schwach und habe nichts zu sagen, so lautet die verbreitetste Kritik.

Was leider noch immer nur wenige wissen: Das Europäische Parlament ist heute schon längst nicht mehr nur ein Organ der Beratung. Es hat durch den Vertrag von Maastricht mehr Rechte bekommen. Es entscheidet mit bei der Einsetzung der Europäischen Kommission und bei einem Teil der europäischen Gesetzgebung.

Die Menschen in Deutschland vergleichen uns mit dem Deutschen Bundestag. In Großbritannien vergleichen sie uns mit dem Unterhaus, in Österreich mit dem Nationalrat. Aber das Europäische Parlament kann nicht die Kopie eines nationalen Parlaments sein.

Da die Europäische Union nun einmal kein Staat ist, muß das Europäische Parlament notgedrungen eine andere Rolle spielen als die nationalen Parlamente. Wir können und wollen keine Kopie irgendeines nationalen Parlaments sein. Im Europäischen Parlament kommen gewählte Abgeordnete aus fünfzehn europäischen Staaten zusammen, und jeder bringt seine eigenen nationalen Traditionen, Verhaltensweisen und Kulturen mit. Wir haben unsere politische Heimat in 56 nationalen Parteien, in acht multinationalen Fraktionen. Wir sprechen in elf Sprachen. Deshalb müssen wir anders arbeiten, uns anders darstellen, andere Schwerpunkte setzen. Anders sein heißt aber nicht schlechter sein. Wir sind einzigartig.

Die einzelnen Fraktionen der verschiedenen im Europäischen Parlament vertretenen Parteien sind multinational zusammengesetzt. In ihnen, so auch in der sozialdemokratischen Fraktion, kommen Deutsche, Österreicher, Briten und Franzosen zusammen, um in diesem Kreis von „unserer Fraktion" zu reden. Sie versuchen, zu allen politischen Fragen eine gemeinsame, eine sozialdemokratisch-europäische Position zu finden. Das gelingt meistens, jedoch nicht immer. Ein Parlament, eine Fraktion ist eben keine Kadettenanstalt, die auf Kommando hört und mit der Geschlossenheit einer militärischen Formation nach links oder rechts schwenkt.

Dennoch gelingt es immer wieder, im Europäischen Parlament eine gemeinsame sozialdemokratische Position zu vertreten und in die Abstimmung einzubringen. Auch die anderen Fraktionen arbeiten auf diese Weise. Etliche Abgeordnete im Europäischen Parlament sind fraktionslos, weil sie sich entweder keiner anderen Fraktion anschließen wollen oder – was auch der Fall ist – von keinen anderen Fraktionen aufgenommen werden, weil diese mit ihnen nicht zusammenarbeiten wollen. So wie im österreichischen Nationalrat oder in anderen Parlamenten findet die eigentliche Arbeit, die Organisation der Arbeit und der Einfluß auf die Entscheidungen in den Fraktionen statt. Die Mehrheiten, die für Entscheidungen gebraucht werden, sucht man in den Fraktionen und nicht bei den ungefähr 30, 35 fraktionslosen Abgeordneten. Man beobachtet, wie sich die einzelnen Fraktionen verhalten, welche Mehrheiten gebildet werden. Das spielt eine Rolle. Aber wie ein Fraktionsloser stimmt, hat auf die Entscheidungen des Europäischen Parlaments nur – wenn überhaupt – minimalen Einfluß.

Das Europäische Parlament teilt sich nicht auf in eine Regierungsmehrheit und in eine Oppositionsminderheit. Das Europäische Parlament entscheidet oder findet seine Mehrheiten je nach Sachfrage. Diese Mehrheit setzt sich einmal aus Sozialdemokraten und Christdemokraten zusammen, ein anderes Mal aus Sozialdemokraten, Grünen und Liberalen, ein drittes Mal wiederum aus Grünen, Christdemokraten und Liberalen usw. Das ist eine andere Art von Arbeit, aber keine schlechtere.

Wir sind das einzige Forum, in dem die Bürgerinnen und Bürger ihre Positionen, vertreten durch Abgeordnete, in der europäischen Politik klarmachen können.

Das Europäische Parlament versteht sich als Ganzes als Kontrollorgan der Exekutive, also der Bürokratie. Wir fungieren nicht als eine Art verlängerter Arm der Kommission oder der Regierung. Wir sind als Parlamentarier insgesamt die Kontrolleure.

Nun wird manchmal behauptet, das Europäische Parlament sei ganz nett, aber kein richtiges Parlament. Das ist schlichtweg Unsinn. Was ist ein „richtiges“ Parlament? Der österreichische Nationalrat hat andere Rechte als die französische Nationalversammlung, diese wieder hat andere Rechte als das britische Unterhaus. Bei uns finden öffentliche Debatten aller wichtigen Fragen der europäischen Politik statt.

Ich will dafür nur ein Beispiel nennen: Einzig und allein das Europäische Parlament kann das Verhalten der Kommission in der BSE-Krise kontrollieren bzw. prüfen, ob sie das Notwendige rechtzeitig getan hat. Wir sind das einzige Organ, das einen Untersuchungsausschuß einsetzen kann und auch eingesetzt hat, um herauszufinden: Hat die Kommission rechtzeitig informiert? Hat sie die Hinweise, die sie bekommen hat, rechtzeitig ernstgenommen? Hat sie die richtigen Maßnahmen ergriffen? Das kann nur das Europäische Parlament.

Das Europäische Parlament beschließt die Ausgaben der Europäischen Union, das Budget. Von den Entscheidungen des Europäischen Parlaments hängt ab, wohin welche Mittel in welcher Höhe fließen. Das ist wohl keine unbedeutende Angelegenheit. Denn wer darüber entscheidet, wo Geld hingeht, übt erheblichen politischen Einfluß aus. Auch da kommt es darauf an, daß wir die entsprechenden Mehrheiten für mehr Soziales oder für mehr Landwirtschaft, für mehr technologische Innovation oder für mehr Reparaturen an diesem oder jenem Industriezweig einsetzen. Das Europäische Parlament entscheidet bei einem Teil der europäischen Gesetzgebung mit. Eine Reihe von Gesetzen kann nicht gegen uns zustande kommen. Ich nenne ein Beispiel: Ein Gesetz über die Patentierbarkeit gentechnologischer Erfindungen ist am Europäischen Parlament gescheitert, weil wir glaubten, daß die Sicherung gegen gentechnologische Manipulationen auch an der Keimbahn des Menschen mit diesem Gesetz nicht ausreichend gewährleistet wäre. Es gibt noch eine ganze Reihe von Beispielen, an denen man deutlich machen kann, daß bestimmte europäische Gesetze gegen das Europäische Parlament nicht zustande kommen. Und wer nein sagen kann, der hat auch Einfluß darauf, was in den Gesetzen steht. Beispielsweise hängt es von den Mehrheiten im Europäischen Parlament ab, wie weit wir bei der Kennzeichnung gentechnologisch manipulierter oder veränderter Lebensmittel gehen. Wer mit dem nicht zufrieden ist, was wir bisher erreicht haben, der muß dafür sorgen, daß die Kräfte, die sich für größere soziale Gerechtigkeit in Europa, die sich auch für Größe und Schutz der Umwelt einsetzen, in diesem Parlament gestärkt werden.

In einer Reihe von Bereichen hat das Europäische Parlament noch nicht die Rechte, die es braucht. Wir können etwa über die Ausgaben beschließen, aber nicht über die Einnahmen. Das liegt weiterhin bei den Regierungen. In einer ganzen Reihe von Gesetzgebungsbereichen können wir nicht mitentscheiden, sondern nur beraten. Es gibt Kompetenzlücken in den Befugnissen des Europäischen Parlaments. Bei der Reform des Maastricht-Vertrages, über die gegenwärtig verhandelt wird, sollen die Rechte des Europäischen Parlaments weiter gestärkt werden. Es geht im Grund nur um eines: Künftig soll das Europäische Parlament nicht nur in einigen Bereichen, sondern im gesamten Bereich der europäischen Gesetzgebung gleichberechtigt und gleichgewichtig mitentscheiden. Jedes Gesetz muß eine doppelte Basis erhalten: einerseits die Mehrheit der Mitgliedsstaaten, vertreten durch ihre Regierungen im Ministerrat, andererseits eine Mehrheit im direkt gewählten Europäischen Parlament. Es muß beides zusammenkommen für ein europäisches Gesetz – die Zustimmung der Staaten und die Zustimmung des Europäischen Parlaments. Nicht mehr und nicht weniger.

Ich bin relativ optimistisch, daß wir diese Reform durchsetzen werden können. Viele Regierungen, aber auch viele Kolleginnen und Kollegen in den nationalen Parlamenten haben begriffen, daß die Stärkung des Europäischen Parlaments nicht auf Kosten der nationalen Parlamente geht. Europäisches Parlament und nationale Parlamente sind nicht Konkurrenten, sondern Partner bei der Stärkung der Demokratie. Der österreichische Nationalrat hat die Aufgabe, die Europapolitik der österreichischen Bundesregierung zu kontrollieren und die Grundsatzbeschlüsse der europäischen Politik zu fassen. Dem Europäischen Parlament obliegt die Aufgabe, die Kommission in Brüssel, die Bürokratie zu kontrollieren und die täglichen europapolitischen Entscheidungen mitzutreffen.

In einem Artikel über die Rechte des Europäischen Parlaments habe ich den Satz gelesen: „... eine Regierung stürzen können sie nicht ..." Das ist falsch. Das Europäische Parlament kann die Kommission, also die Spitze der Bürokratie in Brüssel, mit einem Mißtrauensvotum entlassen. Die Kommission in Brüssel hängt vom Vertrauen einer Mehrheit des Europäischen Parlaments ab, sonst kommt sie nicht ins Amt – und sie wird, wenn es einen Mißtrauensantrag gibt, von einer Mehrheit des Europäischen Parlaments entlassen.

Neulich sprach ich auf einer Veranstaltung. Bei der Diskussion sagte ein Mann: „Ach, Herr Hänsch, was Sie uns da über das Europäische Parlament erzählen, das ist ja alles ganz gut und schön. Aber letzten Endes hat dieses Parlament, diese ‚Quasselbude' da, sowieso nichts zu sagen." Ich nahm es dem Mann nicht übel, daß er vielleicht nicht wußte, daß die Bezeichnung „Quasselbude" für ein demokratisch gewähltes Parlament in den 30er Jahren zu den Kampfbegriffen der Nazis und der Kommunisten gehörte. Ich war viel mehr schockiert darüber, daß der Mann immer noch nicht begriffen hatte, was unsere Väter, Großväter und Urgroßväter dafür gegeben hätten, wenn es zu ihrer Zeit ein frei gewähltes Europäisches Parlament gegeben hätte, in dem Abgeordnete aus 15 europäischen Staaten zusammenkommen, um miteinander zu reden, zu streiten und wieder zu reden, statt die Jugend der Völker in die Schützengräben des Ersten und Zweiten Weltkriegs zu treiben.

Wir alle bleiben in nationalen, regionalen und lokalen Bezügen zu Hause. Dort finden wir unsere Identität. Dafür gibt es keinen europäischen Ersatz. Das ist Teil unserer europäischen Freiheiten. Das muß so bleiben. Dennoch finden sich europäische Völker zusammen – auf der Grundlage gemeinsamer Werte. Von Helsinki bis Lissabon, von den Beskiden bis zu den Hebriden suchen wir doch alle nach dieser einzigartigen und unauflöslichen Verbindung von wirtschaftlicher Leistung und sozialer Gerechtigkeit, von der Freiheit für den einzelnen und seiner Verantwortung für das Ganze. Das ist das spezifisch Europäische. Das unterscheidet uns von anderen Gesellschaften auf der Erde, von der amerikanischen ebenso wie von der japanisch-ostasiatischen oder der fundamentalistisch-moslemischen.

Nur durch die politische Einigung Europas zeichnet sich für uns und unsere europäischen Nachbarn noch eine Chance ab, der Macht der global wirksamen Tatsachen ein Stück humanistisch-europäischer Selbstbestimmung entgegenzusetzen.

Es ist tausendmal gesagt worden, und es bleibt doch wahr: Die Vielfalt der Völker, unserer Kulturen und Traditionen, unserer Sprachen und historischen Erinnerungen, unserer Eigenarten und Eigenwilligkeiten, das ist nicht unsere Schwäche. Die Vielfalt ist unsere Stärke – wenn es uns gelingt, unsere Kräfte zu bündeln, auf die Bewältigung der Herausforderungen unserer Zeit zu lenken und in Europa an die Stelle des alten Gegeneinander das neue Miteinander zu setzen.

Kein Fraktionszwang im EU-Parlament

Hilde Hawlicek

Im EU-Parlament gibt es 21 österreichische Abgeordnete. Ende August 1996 waren sie im selben Verhältnis auf Fraktionen verteilt wie bei der vergangenen Nationalratswahl: 8 Abgeordnete der SPÖ, 6 der ÖVP, 5 der FPÖ und je 1 Abgeordneter der Liberalen und der Grünen.

Wir Österreicher waren, als wir am 1. Jänner 1995 als Mitglieder der Europäischen Union ins Europaparlament einzogen, von Anfang an willkommen – ebenso wie die Schweden und die Finnen: Nicht nur, weil diese Länder sympathisch und demokratisch sind, sondern auch, weil sie auf dem sozialen Sektor und bei der Umwelt hohe Standards aufweisen oder zumindest Umweltverständnis zeigen. Das ist in der EU nicht so selbstverständlich. Wir konnten uns hier bereits gut einarbeiten.

Als sozialdemokratische Abgeordnete gehören wir der größten und stärksten Fraktion im Europaparlament an. Die europäischen Sozialdemokraten sind in Brüssel bzw. Straßburg mit 217 von insgesamt 626 Abgeordneten vertreten. Die Konservativen der EVP bilden mit 173 Abgeordneten die zweitstärkste Fraktion.

Bis vor kurzem stellten die Liberalen mit insgesamt 52 Abgeordneten die viertstärkste Fraktion. Seit dem Zusammenschluß ihrer Abgeordneten aus Frankreich, Italien, Irland und Portugal nennen sie sich „Fraktion für Europa"; sie bilden eine ziemlich in der Mitte stehende Gruppierung und sind durch diesen Zusammenschluß nun die Drittstärksten geworden.

Die Grünen stellen im Moment insgesamt nur 27 Abgeordnete im Europaparlament. Wenn sie allein ein Thema vorbringen, müssen sie von den Sozialdemokraten unterstützt werden. Es gibt es eine ganze Reihe von Themen, z.B. Umweltschutz oder Konsumentenschutz, bei denen wir uns mit ihnen zusammenschließen.

Auf der anderen Seite entstehen Fronten der Konservativen mit den Liberalen, die im Europaparlament vor allem die Interessen der Industrie sowie der Wirtschaft im Auge haben und weniger den Sozialbereich.

Was bedeutet das Europaparlament als solches? Seit 1979 wird das Europäische Parlament direkt gewählt. Seine Rechte werden ständig ausgeweitet; zuletzt geschah dies im Maastricht-Vertrag. Derzeit verfügt das Parlament vor allem über die drei klassischen Rechte jedes Parlaments: das Kontrollrecht, das Haushaltsrecht und das Recht der Gesetzgebung gemeinsam mit dem Rat. Neu ist das Hearing für Kommissare, das erst mit Maastricht eingeführt wurde. Wegen der drei neuen Mitgliedsstaaten begannen die Hearings erst im Jänner 1995. Die 20 Kommissare müssen vom Parlament gewählt werden. Es wird über sie abgestimmt, allerdings nur en bloc. Man kann nur die Kommission als gesamte bestätigen. Aber der einzelne Kommissar muß sich jeweils in dem Ausschuß oder den Ausschüssen, für die er Verantwortung trägt, einem Hearing stellen (z.B. der österreichische Kommissar Fischler dem Landwirtschaftsausschuß).

Ich habe bei diesem öffentlichen Hearing das Selbstbewußtsein, die harten Formulierungen und die starke Kritik der Europaparlamentarier kennengelernt. Sie scheuen sich – anders als im österreichischen Parlament – weder davor, Angehörige der eigenen Partei hart zu befragen, noch davor, sie auch anzugreifen.

Zu den Kontrollrechten gehören sowohl das Hearing der Kommission als auch schriftliche und mündliche Anfragen. Bei jeder Sitzung des Parlaments gibt es Fragestunden an den Rat und an die Kommission. Die Kommissare sind auch regelmäßig bei den Ausschußsitzungen anwesend. Diese Zusammenarbeit von Kommission und Parlament funktioniert gut, und die Kommissare wissen mittlerweile auch, daß sie dem Parlament Rede und Antwort zu stehen haben.

Das dritte Recht ist jenes der Gesetzgebung, eigentlich das Grundrecht jedes Parlaments. Aufgrund der Konstruktion – die EU ist weder Nationalstaat noch Superstaat, sondern besteht aus den Mitgliedsstaaten – werden die Interessen der einzelnen Mitgliedsstaaten unmittelbar im Rat vertreten. Der Rat besteht auf höchster Ebene aus dem Rat der Regierungschefs. Für außenpolitische Fragen existiert der Rat der Außenminister, bei Kulturproblemen tritt der Rat der Kulturminister zusammen, bei Verkehrsfragen der Rat der Verkehrsminister usw.

Ein Gesetz entsteht folgendermaßen: Die Kommission legt einen Entwurf bzw. eine Richtlinie vor. Zuerst wird im Ausschuß des Parlaments über Abänderungsanträge debattiert. Dann geht es weiter in den Rat. Dort achten die jeweiligen Vertreter des Staates, um die nationalen Interessen zu wahren, darauf, daß nichts darin enthalten ist, was das eigene Land nicht möchte. Bei Abänderungen geht der Antrag wieder zurück in den Ausschuß. Nach der Behandlung im Ausschuß wird das Gesetz im Parlament abgestimmt und kommt dann in den Rat. Die Richtlinien müssen von Rat und Parlament gemeinsam beschlossen werden. Dazu gibt es über 25 sehr komplizierte verschiedene Verfahren.

Darin liegt auch der Grund für eine notwendige Reform des Parlaments. Man will die Institutionen vereinfachen, sie transparenter und bürgernäher gestalten. Es ist so gut wie sicher, daß es nur mehr drei Verfahren geben soll – Beratung, Zustimmung und Mitentscheidung: Die beratende Funktion des Parlaments, die Konsultation, soll es etwa bei Fragen der Außenpolitik oder der Sicherheitspolitik geben, die Mitentscheidung bei allen anderen Fragen wie Umwelt, Bildung und Sozialfragen. Dieser Bereich soll ausgeweitet werden, damit – so wie in jedem nationalen Parlament – Regierungsvorlagen verändert, diskutiert und neue Punkte eingefügt werden können.

Oft werde ich gefragt, ob wir als kleines Land im EU-Parlament oder in der Fraktion überhaupt etwas mitzureden haben. Wenn von uns jemand einen Vorschlag macht, zuerst im Ausschuß, dann im Parlament, so spielt es überhaupt keine Rolle, daß Österreich nur siebeneinhalb Millionen Einwohner hat. Man achtet viel eher darauf, welche Politik des jeweiligen Landes dahinter steht. Wenn ein Österreicher über Sozial- oder Umweltfragen spricht, dann hört man sehr wohl zu, weil man weiß, daß in unserem Land gute Sozialpolitik betrieben wird, hohe Umweltstandards üblich sind und wir nach Luxemburg die höchsten Beschäftigungsraten aufweisen.

Wie sieht nun die Arbeit in der Fraktion aus, und was hat es mit dem Fraktionszwang auf sich? Es gibt im Europaparlament keinen Fraktionszwang. Jeden Monat findet in Straßburg eine Plenarwoche statt. Davor gibt es die Fraktionssitzungen, bei denen jeder einzelne Tagesordnungspunkt, jede Richtlinie, jede Empfehlung diskutiert wird, die im Parlament beschlossen werden soll.

Man bringt dort seine Wünsche, seine Meinung entweder in der Fraktion oder vorher im Ausschuß ein und hat damit zweimal die Möglichkeit, etwas zu verändern: erstens im Ausschuß und zweitens in der Fraktion.

In der Fraktion der Sozialdemokraten, der stärksten im Europäischen Parlament, können wir Österreicher unsere Vorstellungen am ehesten durchsetzen. Weder die Fraktion der Grünen noch die der Liberalen kann allein etwas bewirken. Die Freiheitlichen als Fraktionslose haben überhaupt keinen Einfluß, können keine Anträge stellen und auch nicht mitbestimmen, sind also isoliert. – Warum? Es gilt hier die parlamentarische Regel, daß man für einen Antrag 29 Unterschriften braucht oder eine eigene Fraktion stellen muß. Die Grünen mit ihren 27 Abgeordneten stellen eine eigene Fraktion.

Zu den rechtsextremen Gruppierungen werden die Freiheitlichen unter Jörg Haider ebenso gezählt wie die Franzosen unter Jean-Marie Le Pen und der belgische Flams Blok. In einem Bericht des Konservativen Ostlanders im Rechtsausschuß heißt es wörtlich: „Die rassistischen Parteien stellen einen Kristallisationspunkt von Fremdenfeindlichkeit, Rassismus und Antisemitismus in der Gesellschaft dar. Ihre Ächtung und Isolierung bezieht sich auf diese Parteien und deren politische Führer.“ Es erfolgte sogar ein Antrag, die Führer dieser Parteien namentlich zu nennen, um die notwendige Bekämpfung von Rassismus und Antisemitismus einzuleiten.

Die Freiheitlichen sahen darin eine furchtbare Beleidigung ihrer demokratisch gewählten Partei. Man kann natürlich darüber diskutieren, ob es richtig war oder nicht, sie namentlich anzuführen. Wir Sozialdemokraten haben uns für den Antrag ausgesprochen, der Le Pen und Haider namentlich anführt. Dieser Antrag wurde im Europäischen Parlament mit Mehrheit beschlossen.

So etwas zeigt, daß wir Österreicher bei weiteren Wahlsiegen der Freiheitlichen große Schwierigkeiten bekommen werden. In EU-Europa werden Wähler der FPÖ mit Nazis gleichgesetzt. Wir befanden uns in der unangenehmen Lage, nicht Jörg Haider, sehr wohl aber dessen Wähler verteidigen zu müssen.

Noch einige Sätze zu den Anträgen, die im Europaparlament von den Freiheitlichen gestellt wurden, obwohl sie das rechtlich gar nicht können. Vor der Plenarsitzung im Februar 1995 wurde zum ersten Mal in den Ausschüssen das Thema Mochovce behandelt. Es ging um die Kreditvergabe der Europäischen Bank für Investitionen für das Kraftwerk Mochovce. Die Österreicher aller Parteien waren dagegen, auch die Freiheitlichen. Der freiheitliche Abgeordnete Karl Schweitzer, damals noch gleichzeitig als Obmann im Umweltausschuß des österreichischen Parlaments tätig, formulierte gemeinsam mit einer anderen Abgeordneten einen Antrag gegen die Kreditvergabe. Dabei unterlief den Leuten von der ÖVP der Fehler, daß sie diesen Antrag unterschrieben, ohne einen eigenen Antrag formuliert zu haben. Letztlich wurde dann unser sozialdemokratischer Antrag im Parlament abgestimmt.

Hier zeigt sich, wie wichtig die Verankerung in einer großen Fraktion ist. Von Mochovce hatte im Europäischen Parlament noch niemand gehört. Man wollte ursprünglich dafür EU-Gelder bereitstellen, um ein unsicheres Kraftwerk im Osten sicherer zu machen. Wir haben ein Hearing mit Fachleuten veranstaltet und davon überzeugen können, daß Mochovce auch die Sicherheit gefährdet. Bis auf ein paar Atomlobbyisten hat die gesamte sozialdemokratische Fraktion gegen die Kreditvergabe gestimmt. Wir haben die Abstimmung gewonnen, weil es uns gelungen ist, Überzeugungsarbeit in unserer Fraktion zu leisten.

Tatsache ist, daß sich die Freiheitlichen verstecken und sich nicht deklarieren. Bei einer Menschenrechtsdebatte und einer Debatte bezüglich der Eindämmung von Nationalsozialismus, Nationalismus, Rassismus und Fremdenfeindlichkeit in Europa griff der Menschenrechtssprecher der Sozialdemokraten (ein Deutscher) in seiner Rede Jörg Haider namentlich an. Die Delegationsleiterin der Freiheitlichen – zu jenem Zeitpunkt Susanne Riess –, die unmittelbar danach zu Wort kam, ging in ihrer Rede auf diese Vorwürfe nicht ein. Genau das ist die Taktik der Freiheitlichen im Europaparlament. Sie haben Kreide geschluckt und deklarieren sich nicht als Haider-Angehörige.

Ich hoffe, daß ich mit meinem persönlichen Erfahrungsbericht aus dem Europaparlament einen kurzen Blick hinter die Kulissen aufgetan habe. Dieses Parlament wird jedenfalls in Zukunft eine immer bedeutsamere Rolle spielen.

Die östlichen Nachbarn auf einen EU-Beitritt vorbereiten ...

HANNES SWOBODA

Das Europäische Parlament ist dabei, sich Rechte, Möglichkeiten und Einfluß zu erkämpfen. So erging es allen Parlamenten dieser Welt im Lauf ihrer Entwicklung. Weder das britische noch das amerikanische, das deutsche oder das österreichische Parlament verfügten von Beginn an über jene Möglichkeiten und Rechte, die sie heute besitzen. Selbst vor 20, 30 Jahren, etwa in der traditionellen Koalitionszeit oder in der Mehrheitszeit danach, hat auch ein österreichisches Parlament erlebt, daß viele Angelegenheiten durch die Regierung, durch die Sozialpartner vorbesprochen wurden. Es ist ein gefährliches Spiel, damit zu argumentieren, ein Parlament habe ja ohnehin keine Rechte. So argumentieren vor allem jene, die von einer Protestwahl, einer „Denkzettelwahl" sprechen und denen es gleichgültig ist, wen man nach Brüssel oder Straßburg schickt.

Ich halte ein stärkeres Europäisches Parlament für notwendig, betone aber gleichzeitig, daß es schon heute in wesentlichen Punkten Einfluß und Möglichkeiten hat, entsprechende Kontrollen durchzuführen. Themen müssen politisiert, Problemstellungen in den Vordergrund gerückt werden, über die dann politisch und in der Öffentlichkeit diskutiert wird.

Wie hängt das Thema Beschäftigung mit dem Europäischen Parlament zusammen? Wenn ich mich diesem Thema besonders widme und viele österreichische Betriebe besucht habe, dann deshalb, weil es die Menschen in diesem Land vor allem interessiert, wie es um ihren Job steht und wie es mit der Arbeit für ihr Kind oder Enkelkind aussieht. Werden sie in Zukunft überhaupt noch einen Arbeitsplatz bekommen, werden sie in Zukunft überhaupt noch Arbeit haben? An diesem Thema können wir nicht vorbeigehen. Wir müssen die Voraussetzungen dafür schaffen, eine gesunde Wirtschaft und damit Arbeitsplätze in unserer Weltregion Europa zu garantieren. Gerade in diesem Punkt muß die Europäische Union gestärkt werden.

Wenn Grüne von der Krise der Europäischen Union sprechen und befürchten, sie könnte in eine Diktatur münden, dann möchte ich aus meiner Sicht erwidern: Wir befinden uns nicht in einer Krise. Wir haben aber hinsichtlich der Integration einen Punkt erreicht, an dem wir vor der Entscheidung stehen: Entweder hören wir auf mit einer weiteren Integration – das führt meines Erachtens zur Desintegration und wieder zurück in eine lose Freihandelszone –, oder wir setzen die nächsten Schritte. Eine der Voraussetzungen dafür ist eine vernünftig durchgeführte Währungsunion, die sich von den Interpretationen der ökonomischen Fundamentalisten auf der rechten Seite unterscheidet. Das bedeutet eine Angleichung bei den Umwelt- und bei den Sozialstandards. Ich würde sogar noch weiter gehen und meinen, daß wir im steuerlichen Bereich eine gewisse Harmonisierung brauchen. Das soll verhindern, daß Unternehmer und Konzerne einzelne Staaten und Regionen gegeneinander ausspielen und mit Zusperren oder mit Standortverlegung ins Ausland drohen. Diesen wirtschaftlichen Einigungsprozeß müssen wir vorantreiben.

Ich erwarte mir, daß das Europäische Parlament diesen Einigungsprozeß unterstützt. Die Sozialdemokratie darf aus den heutigen Mißstimmungen, die es vielfach gibt, nicht den Schluß ziehen, mit der europäischen Integration aufzuhören, weil uns das nur Probleme brächte. Das Gegenteil ist der Fall, ob es nun um Semperit geht, um die Handelssanktionen der USA, wenn man mit ihren politischen Vorstellungen hinsichtlich Kuba, Iran oder Libyen nicht übereinstimmt, oder um die Fairneß im internationalen Handel und Wettbewerb, gerade mit China oder anderen Ländern in Südostasien. Glaubt denn jemand, daß die 7,5 Millionen Österreicher allein irgendeine Möglichkeit haben, etwas durchzusetzen, wenn sie etwas nicht wollen? Ist es uns in einer Situation, in der es um Arbeitsplätze geht, gleichgültig, wenn ein Unternehmen nicht in Österreich investieren will, weil ihm die Forderungen viel zu streng und viel zu hart sind, und lieber anderswo hingeht? Oder ist es nicht doch der einzige Weg, daß wir uns um einen europäischen Angleichungsprozeß bemühen? Das betrifft sowohl unseren Weg in Richtung Beschäftigungsunion, in Richtung einer vernünftigen Währungsunion, die Etablierung von Umweltstandards auf einem sehr hohen Niveau, den Ausbau der europäischen Infrastruktur, wo gerade bezüglich der transeuropäischen Netze das Europäische Parlament sehr stark Einfluß genommen hat, oder die Debatte um die Osterweiterung. Hierin unterstütze ich den Präsidenten des Europäischen Parlaments, Klaus Hänsch, in seiner realistischen Anschauung, daß die Osterweiterung absolut notwendig ist. Wir müssen uns aber genauso wie die östlichen Nachbarn auf einen längeren Übergangsprozeß vorbereiten. Diese Phase darf freilich nicht ungenützt bleiben, weil es darum geht, die Sozial- und Umweltstandards anzugleichen. Das betrifft die Fragen der Arbeitszeitverkürzung oder der Organisation des internationalen Handels. Sollen unsere auf Einkommens-, Sozial- und Umweltstandards beruhenden Lebensstandards auf die von Vietnam, China und Malaysia reduziert werden, weil das die einzige Chance ist, Arbeitsplätze in Europa zu retten? Oder soll sich dieses Europa zusammenschließen und versuchen, die sinnvollen Instrumente und Standards zu verteidigen; soll es besser den umgekehrten Weg gehen und dafür sorgen, daß die anderen, die nicht so entwickelten Regionen ihre Standards anheben können?

Diese Debatte müssen wir in Europa und in Österreich führen, weil viele hier befürchten, daß Globalisierung und Integration Verlust der Unabhängigkeit und der Einflußnahme bedeuten. Ich erinnere an die Debatte über die ökologische Steuerreform, in der wir Sozialdemokraten immer betont haben, daß eine Umstrukturierung des Steuersystems notwendig ist. Es hat sich aber erwiesen, daß das in Österreich allein nur sehr begrenzt möglich sein wird. Wir müssen danach trachten, daß auf europäischer Ebene die Grundsätze eines solchen Steuersystems mit vielen Variationen in den einzelnen Nationen etabliert werden. Das bedeutet Entlastung des Faktors Arbeit und Belastung der Verschmutzung der Umwelt. Nicht jenes Unternehmen darf belohnt werden, das Leute entläßt und durch Maschinen ersetzt, und nicht jenes darf bestraft werden, das zusätzlich Leute beschäftigt.

Ich habe das Thema Beschäftigung in den Vordergrund gerückt, weil es jenes Thema ist, das Sozialdemokraten ganz deutlich von den anderen Parteien unterscheidet. Zunehmend kann der Einzelstaat aber seine Verantwortung nur wahrnehmen, wenn er sich mit anderen abstimmt. Wenn wir sinnvoll Beschäftigungspolitik betreiben wollen, brauchen wir die Währungsunion. Unsere italienischen Nachbarn werten permanent ab. Bei jeder Abwertung der Lira werden viele österreichische Produkte um 10% teurer, oder die Arbeit wird praktisch um 10% entwertet. Wenn wir sinnvoll Beschäftigungspolitik betreiben wollen, brauchen wir also die Kooperation auf gesamteuropäischer Ebene.

Wir in Österreich, in den Regionen, in der Stadt Wien sind es gewohnt, gesellschaftspolitisch zu diskutieren: Das Gesicht Wiens hängt eben davon ab, wie die politischen Gewichte verteilt sind. Und wir müssen uns gesellschaftspolitisch damit auseinandersetzen. In Wien sind wir Gott sei Dank noch nicht so weit – und werden es hoffentlich nie sein – wie in einigen französischen Städten, in denen Rechtsextreme à la Le Pen regieren und allein durch die Anschaffungspolitik in den Bibliotheken Gesellschaftspolitik betreiben, indem plötzlich Literatur von SS-Leuten und von Leuten aus dem Vichy-Regime angekauft wird, nur um das angebliche Gleichgewicht zu wahren und die volle „Objektivität" zu präsentieren.

Das Thema Verkehr ist ein Musterbeispiel dafür, wie wir auch als kleines Land Themenführerschaft gehabt haben und, gegen den Strom schwimmend, dennoch andere überzeugen konnten. Ich erinnere mich an einen Kaffeehausbesuch in Berlin-Kreuzberg: Am Nachbartisch wurde diskutiert, und einer sagte: „Seien wir froh, daß es da den Streicher gibt (damals österreichischer Verkehrsminister), weil unser Zimmermann (damals CSU-Verkehrsminister) würde überhaupt alles nur blockieren, was fortschrittliche Verkehrspolitik ist." Langsam hat sich das durchgesetzt. Was heute auch im Europäischen Parlament von der Kommission an Dokumenten zur Verkehrspolitik beraten, präsentiert und endlich beschlossen wird, ist das, was vor fünf, sechs, sieben und mehr Jahren in Österreich als einem der ersten Länder Europas offiziell zur Politik gemacht wurde. Die Menschen müssen wissen, daß es nicht egal ist, wer gewählt wird. Das EU-Parlament ist kein schwaches Parlament, sondern ein wesentliches demokratisches Element dieses Europas. Vielleicht ist es noch nicht stark genug, aber alle sind sich einig, daß es in den nächsten Jahren stärker wird. Das muß auch von der österreichischen Sozialdemokratie rezipiert werden.

Die Stimme des Bürgers – Kommunale Mitbestimmung

Mitbestimmung in der Schule lernen

Werner Faymann

Zum Thema „Weltstadt zum Wohlfühlen“ sind mir drei Punkte besonders wichtig:

1. Der Begriff Weltstadt hängt vor allem davon ab, wie die Wirtschaft funktioniert. Daher interessiert uns als Sozialdemokraten, wie es den Arbeitnehmern in unserer Stadt geht und wie sich Beschäftigungspolitik und Mitbestimmung der Beschäftigten entwickeln.
   „Alte Antworten“ der Sozialdemokratie, etwa die der internationalen Solidarität, bekommen deshalb wieder eine besondere Bedeutung. Wir wissen, daß die Welt internationaler wird und daß die Wirtschaft sich international organisiert. Wenn man konkret den Wirtschaftsstandort Wien, den Wettbewerb der Städte untereinander sowie den Wettbewerb unterschiedlicher Konzerne betrachtet, dann zeigt sich, daß durch diesen Wettbewerb einzelne Arbeitnehmerinteressen, die in jahrzehntelangen Kämpfen erfochten wurden, plötzlich verloren zu gehen drohen.
   So häufen sich immer mehr Beispiele von multinationalen Konzernen, die die Möglichkeit haben, von beispielsweise fünf Standorten zwei zu schließen. Arbeitnehmer und Betriebsräte stehen vor der Situation, noch nicht richtig auf eine internationale Solidarität zurückgreifen zu können, sondern die eigenen Interessen gegen andere Arbeitnehmer retten zu müssen. Internationale wirtschaftliche Verflechtungen bringen eine solche Entwicklung mit sich. Es gehören ja nicht nur Supermärkte zu einem guten Teil ausländischen Besitzern, sondern es ist auch die Herkunft der meisten angebotenen Produkte kaum nachvollziehbar.
   Alleine in diesen Bereichen der internationalen Marktwirtschaft zeigt sich, daß die Sozialdemokratie ohne die Sicherheit der Arbeitswelt, ohne die Mitwirkung der Gewerkschaft, der Sozialpartnerschaften nie so stark geworden wäre. Hätte sie sich nur mit dem Bau von Straßen und einzelnen Bauprojekten beschäftigt – so wichtig das sein mag –, hätte sie nie diese Stärke erreicht.

Wir stehen als Stadt vor einer neuen Herausforderung in Europa, nämlich die internationale Solidarität besonders in den Vordergrund zu stellen.

2. Der zweite Punkt enthält ebenfalls eine alte, aber in die Zukunft weisende Antwort bezüglich des Wohnbaus. Wenn internationale Gäste zu uns kommen, zeigen wir ihnen stolz den Karl-Marx-Hof, den Rabenhof und viele andere Bauten der Zwischenkriegszeit. Diese Bauten symbolisieren das Element der Gemeinschaft. In einem sehr frühen Stadium haben Sozialdemokraten in den 20er Jahren einen Ansatz gezeigt, sich den Lebensbereich selbst zu gestalten. Das findet auch heute noch zu Recht internationale Beachtung.

   Was die aktuelle Wohnungspolitik anbelangt, bin ich davon überzeugt, daß es nur zwei Möglichkeiten gibt:

   Entweder setzt die Sozialdemokratie auf individualistische Tendenzen, dann muß sie irgendwann an den Abverkauf von Gemeindewohnungen denken und darf nur mehr die Eigentumswohnung in den Mittelpunkt stellen, oder sie setzt auf sozialdemokratische Werte, dann muß der Mieter das Gefühl haben, daß er dieselben Mitwirkungsrechte hat wie ein Wohnungseigentümer; jedoch ohne den Egoismus – andere als Untermieter oder als Mieter schlecht zu behandeln –, wie ihn das Eigentum mit sich bringt. Mieter brauchen die selben Möglichkeiten der Gestaltung, der Mitwirkung, wie sie Eigentümer haben. Anonyme Apparate wie z.B. manche Wohnbaugenossenschaften, die sich von den Mietern entfernen, stehen entweder durch die Eigentumsbildung eines Tages vor der Auflösung, oder sie schaffen denselben Status, der in der Zwischenkriegszeit unsere Gemeindebauten ausgezeichnet hat.

3. Mitwirkung und Mitbestimmung müssen bereits in der Schule gefördert werden. Wenn man mit Schulklassen aus Allgemeinbildenden höheren Schulen diskutiert, dann erfährt man dort durch den hohen Anteil an Allgemeinbildung eine Diskussionsfreudigkeit, die viele Voraussetzungen für weitere Mitbestimmung in sich birgt. Verglichen damit hinkt die Lehrlingsausbildung ein wenig nach, und wir müssen in dieser Hinsicht Versäumnisse eingestehen. In den Berufsschulen mangelt es an flächendeckender Ausbildung und an allgemeinbildenden Elementen. Man muß zugeben, etwas falsch gemacht

zu haben. Mitwirkung, Mitbestimmung und Partizipation brauchen ihre Basis, ihr Fundament in Bildung und Ausbildung. Dabei sollte die Gruppe der Lehrlinge nicht vergessen werden.

Ich habe meine Ausführungen bewußt kurz gehalten, um mich auf das zu konzentrieren, was gegenwärtig als das wichtigste erscheint.

Die Stimme des Bürgers

Die Strategie umfassender Planung ist undemokratisch

Pekka Korpinen

Die Stadt und ihre Bewirtschaftung wurden als Themen von den Sozialdemokraten nicht wirklich bevorzugt, obwohl 80% aller Menschen in Städten leben. Wir bezogen in unsere Überlegungen immer den marxistischen Ansatz ein. Marx glaubte fest daran, daß die Entwicklung von der Sklavenwirtschaft zum Feudalismus und über den Kapitalismus zum Sozialismus führen würde. Die Städte als solche kamen bei Marx überhaupt nicht vor. Obwohl wir wissen, daß das römische Imperium schon vor 2.000 Jahren eine blühende Wirtschaft in den Städten kannte – es gab Kleinunternehmer und auch Sklaven –, haben wir Sozialdemokraten uns doch immer sehr an Marx angelehnt, der die Meinung vertrat, daß die Industrie entscheidend sei. Die Dienstleistungen wurden nur als Zusatz zur Industrie gesehen und daher anfangs vernachlässigt.

Das Problem der Arbeitslosigkeit wird in der Europäischen Union immer größer. Wir stehen vor hohen Arbeitslosenzahlen in Finnland, finden diese Situation aber ebenso in Deutschland, in Frankreich, in Großbritannien, vielleicht nicht so sehr in Österreich. Man glaubte immer fest daran, industrielles Wachstum könnte dieses Problem lösen. Das stimmt nicht. Es ist der Dienstleistungssektor, in dem neue Jobs entstehen werden.

Das Problem der Dienstleistungswirtschaft besteht darin, daß sie auf dem marxistischen Ansatz des industriellen Wachstums basiert. Unser Jahrhundert ist von der Sozialdemokratie geprägt. In diesem Zeitraum wurde das Steuersystem geschaffen, das für die soziale Sicherheit sorgte. Aber aufgrund dieses marxistischen Ansatzes wird unsere Arbeit immer mehr besteuert. Schweden nach dem Zweiten Weltkrieg ist ein gutes Beispiel dafür. Die Idee ging von der Harmonisierbarkeit der Löhne aus. Man zog daher Profite aus Dienstleistungen, aus billigen Leistungen, investierte sie dann in die Industrie und finanzierte auf diese Weise auch das Pensions- und das soziale Sicherheitssystem. Eine Steuerschraube, die zu einer Art von Keil wurde, war die Folge. Man mußte brutto fünfmal mehr verdienen, um die progressiven Steuern und verschiedene andere Abgaben leisten zu können. Dasselbe wurde auch vom Arbeitgeber verlangt, d.h., man mußte zuerst 5.000 Finnmark verdienen, um dann 500 real zur Verfügung zu haben. Das erweist sich jetzt als unüberwindliche Barriere.

Der Wohlfahrtsstaat befindet sich in einer schweren Krise. Die meisten europäischen Staaten sind schwer verschuldet. Belgien und Italien stehen hier an der Spitze. Es stellt sich die Frage, ob nicht Italien gegenüber anderen Ländern für die Zukunft am besten gerüstet ist. Italien war ein typisches Beispiel für einen Stadtstaat und wurde erst sehr spät zum Nationalstaat. Jetzt zeigt sich eine Aufbruchsstimmung in den Regionen Italiens. Man will nicht mehr in den Süden investieren. Es kommt zu einem Wiederentstehen des Stadtstaates. Der Nationalstaat ist mit großen Nachteilen konfrontiert, beispielsweise mit hohen Steuern, die zu einer gewissen Desintegration führen. Vielleicht schlägt Italien schon jetzt einen Weg ein, dem die anderen irgendwann folgen werden.

Hier stellt sich folgende Schlüsselfrage: Hat uns die Sowjetunion gezeigt, was geschieht, wenn man sich einer zentralen sozialistischen Produktion verschreibt? Wir haben immer über die sowjetischen Güter gelächelt, denn sie waren von weit minderer Qualität als unsere. Man darf aber nicht vergessen, wie der sowjetische Wohlfahrtsstaat funktionierte. Man verfuhr mit den Dienstleistungen genauso wie mit den Waren. Es gab immer eine zentrale Finanzierung all dessen durch Steuern und wenig Markt. Wenn nun die Sowjetunion mit ihrem Modell der zentralen sozialistischen Produktion versagte, warum sollte dann nicht auch ein sozialdemokratischer Wohlfahrtsstaat damit versagen?

Ich wende mich nun dem eigentlichen Thema zu. In Helsinki bin ich für die Stadtplanung verantwortlich und konzentriere mich hier auf die physische Planung. Die umfassende Planung ist ein veraltetes Konzept. Sozialisten kennen jedoch noch keine wirkliche Alternative dazu. Zentrale Planung kann sowohl gut als auch schlecht sein. Ein positives Beispiel:

1812, als Helsinki zur Hauptstadt Finnlands wurde, ordnete der russische Herrscher an, ein vollkommen neues Zentrum zu schaffen. Die

Stadt Helsinki stellte sich dagegen. Es schien ein viel zu großes Projekt für sie. Tatsächlich dauerte es 30 Jahre, bis dieses Zentrum verwirklicht wurde.

Auf heute umgelegt, würde dieses Projekt 500 Milliarden österreichische Schilling kosten. Man kann sich vorstellen, daß in keiner heutigen Demokratie genug Geld zur Verfügung steht, um ein solches Vorhaben zu realisieren. Dazu kommt noch, daß die russischen Herrscher die Macht hatten, ihre Projekte auch zu verwirklichen. Heute sieht das ganz anders aus. Es gibt zwar langfristige Pläne, aber nicht auf 30 Jahre. Eine solche Kontinuität ist heutzutage nicht mehr gegeben.

Noch ein – diesmal negatives – Beispiel aus den 60er Jahren: In einer Zeit, als umfassende Planung bevorzugt und dem Automobil in diesen Planungen ein wichtiger Stellenwert eingeräumt wurde, bat Helsinki den Architekten Aldo, ein neues Zentrum zu bauen. Das alte erschien den Finnen zu russisch. Aldos Plan sah eine Schnellstraße ins Zentrum und einen riesigen Parkplatz vor, um den herum Kulturgebäude und der Hauptbahnhof angeordnet waren. Der damalige Staatspräsident Kekkonen und der Stadtrat befürworteten dieses Projekt; es gab keine Gegenstimme, geschweige denn eine Diskussion.

Die Bürokratie machte es später unmöglich, das Vorhaben tatsächlich umzusetzen. Statt dieses riesigen Parkplatzes gibt es heute einen Park.

Ich halte diese Strategie der umfassenden Planung eigentlich für sehr undemokratisch. Viel besser wäre es, konkrete Projekte zu schaffen, die die Menschen wirklich verstehen.

Erwähnt sei in diesem Zusammenhang das „Museum für zeitgenössische Kunst“. Zur Zeit der Planung war ich Vizebürgermeister und habe damals meinen größten politischen Kampf durchgefochten. Es gab gleichzeitig ein Alternativprojekt für das Monument eines finnischen Nationalhelden. Obwohl die Arbeitslosigkeit damals 20% betrug, war den Leuten das Monument für den Marschall wichtiger als das Museum. Aber ich konnte mich schließlich durchsetzen, und das Museumsprojekt wurde nach langen Diskussionen angenommen.

Zentrale Planungsvorhaben sind bei einer solchen flexiblen Arbeitsweise unmöglich, und deshalb sollten wir uns von ihnen verabschieden.

Kulturelle Identität in einem gemeinsamen Europa

Lernkultur versus Belehrungskultur

MICHEL CULLIN

Zum Begriff der „Grande Nation" bekenne ich mich nicht, denn damit wurde bereits viel Unsinn betrieben, insbesondere im Ausland, das Frankreich oft und oft unter diesem Aspekt analysiert. Ich bin kein Freund eines übertriebenen Kulturchauvinismus, wie er immer wieder zum Ausdruck kommt und fälschlicherweise als essentieller Wesenszug der Franzosen verstanden wird.

Im Westen Europas haben wir es mit einem Teil des Kontinents zu tun, wo der Wille nach Vereinheitlichung stärker wird, wo Politik und Wirtschaft – Stichwort „Maastricht-Europa" – nach einem homogenen Raum tendieren, in dem es weitgehend keine Widersprüche, keine Brüche mehr geben sollte. Der Aufbau dieses Europas vollzieht sich in Richtung einer Homogenität, die aus den Erfahrungen der vergangenen Jahrhunderte verständlich ist, insbesondere aus dem Wunsch, die Barbarei des 20. Jahrhunderts nicht mehr erleben zu wollen, obwohl sie nach wie vor in manchen Gegenden fortwirkt. Es soll alles getan werden, damit Konflikte und Kriege aus der Welt verschwinden.

Gleichzeitig sind wir auch – das stellen wir in der Politik immer wieder fest – manchmal mit problematischen Anforderungen und Ansprüchen konfrontiert. Es geht darum, den „neuen europäischen Menschen" zu schaffen, wie man auch früher den „neuen Menschen" schaffen wollte. Hier in Wien führte eine altbekannte Diskussion aus den späten 30er Jahren allerdings zu der Erkenntnis, daß man mit diesem Begriff vorsichtig umgehen sollte. Trotzdem wird immer wieder versucht, eine Art europäisches Bewußtsein zu bilden, in der Hoffnung, einen neuen europäischen Menschen entstehen zu lassen. Demgegenüber prallen in der Realität die unterschiedlichen Lebensweisen der Europäer aufeinander. Die Situation ist paradox: Wir wollen in der Wirtschaft, in der Politik und auch für die Menschen ein einheitliches Europa aufbauen, und dieses steht dann gelegentlich im Widerspruch zu den Ansprüchen.

Dabei kristallisiert sich die kulturelle Problematik stark heraus. Kultur wird nicht nur als Summe der Elementarkünste wie Literatur, Malerei, Musik, Architektur, Film, Theater oder Bildhauerei verstanden, sondern als ein weit gefaßter Begriff, der einer Definition von Adorno über die „Kulturindustrien" ebenso entspricht wie auch einer anthropologischen Betrachtungsweise, die unsere Lebensformen bestimmt: Wohnkultur, Eßkultur, Lebenskultur, Freizeitkultur. So verstand es in Frankreich Kulturminister Jacques Lang, der die Grenzen der Kultur im traditionellen Sinn verwischen wollte und eine Kulturpolitik geprägt hat, die auch Alltagskultur, technische und industrielle Kultur miteinbezog.

Wenn uns die Spannweite des Begriffes Kultur bewußt wird und wir demgegenüber den großen europäischen Maastricht-Raum vor Augen haben, stellt sich die Frage nach der kulturellen Identität unter einem ganz anderen Blickwinkel. Wir gehen meist davon aus, daß kulturelle Identität Ausdruck von nationaler oder regionaler Identität sei und daß Kultur als Grundlage für National- oder Regionalbewußtsein dienen könne. Aber die Vielschichtigkeit dieses Begriffes läßt dies nicht zu, denn die Lebenswelten sind keineswegs einheitlich geprägt. Daher werden auch die kulturellen Erfahrungen der Menschen vielfältiger und widersprüchlicher. Gleichzeitig überschreiten sie die klassischen Grenzen, ob es sich nun um ästhetische Grenzen oder um Raumgrenzen im geographischen bzw. politischen Sinn handelt.

Kulturelle Ausdrucksweisen entwickeln sich immer mehr zu Mischformen, die diese Grenzen sprengen. Die Rap-Musik in Frankreich – die aus dem Maghreb-Raum kommt und hauptsächlich von jungen Maghrebinern bevorzugt wird, die in Frankreich leben und ihre französische Kultur als Mischkultur verstehen, erleben und prägen – dient als Beispiel dafür, wie sowohl ästhetische Kategorien als auch nationale oder regionale Grenzen gesprengt werden. Diese Sprengkraft macht ein wesentliches Element der Jugendkultur aus. Immer mehr haben wir es mit Mischkulturen zu tun, mit hybriden Kulturen. Über dieses Phänomen sollten wir Sozialisten und Sozialdemokraten uns freuen. Diese Formen hinterfragen gleichzeitig viele der alten Strukturen, sowohl deren Inhalte als auch die festgesetzten nationalen oder regionalen Räume. Das Sprengen der vorhandenen alten nationalen oder regionalen Rahmen geht einher mit der Sprengung der klassischen ästhetischen Kategorien. Hinsichtlich der kulturellen Identität in Europa sollte man sich fragen, ob sie nicht eher das Bewußtsein der Explosion, der Kulturexplosion beinhalten sollte, eine Auffassung von Kultur als permanente Explosion, die alles sprengt und wo das, was manche als Chaos oder Destabilisierung empfinden, sich im Grunde genommen positiv auswirkt, weil es ein Verständnis von Pluralität miteinbezieht. Kulturgut als sich ständig wandelndes plurales Phänomen zu verstehen, wirkt sich positiv auf das Verständnis von pluraler Gesellschaft aus.

Die produktive Heterogenität der europäischen Kulturen stellt einen Pluspunkt dar, der in einer Kulturpolitik, ob sie nun von einem Staat oder von europäischen Institutionen betrieben wird, durchaus seinen Platz findet. Die Konsequenzen sind klar. Der deutsche Soziologe Wolfgang Lepenies hat das Begriffspaar „Belehrungskultur“ und „Lernkultur“ formuliert. Er zeigt auf, wie wir in der Kulturarbeit und in der Kulturpolitik mit dem Begriff Lernkultur vor allem auf europäischer Ebene viel weiter kommen können als mit dem Begriff der Belehrungskultur. Das führt zu Konsequenzen in der Auslands-Kulturpolitik. Wir haben in Frankreich gegenüber dem Ausland allzu oft eine Politik der Belehrungskultur betrieben, wobei es darum ging, immer wieder ein Schaufenster einer homogenen nationalen Kultur zu zeigen, ohne auf die Widersprüche innerhalb dieser nationalen Kultur, ohne auf die Kulturtransfers hinzuweisen, die sich zu anderen Ländern, zu anderen Regionen ergeben.

Die französische Tradition, wie ich sie anfangs kritisiert habe, pflegt diese nationale Kultur allzusehr im Sinn eines Kulturimperialismus. Der Versuch, hier Lernkultur einzubauen, bringt uns aus der Sicht der Auslandskultur ein Stück weiter. Man sollte den Kulturdialog auf jeden Fall mehr fördern, mehr entwickeln, das Instrumentarium, das dieser Auslandskultur dient – Kulturinstitute, Kulturzentren, Häuser der Kulturen der Welt usw. –, in diesem Sinn einsetzen, sowohl programmatisch als auch von der personellen Zusammensetzung her.

Vor mehr als zehn Jahren wurde hier in Wien gemeinsam mit dem Kulturstadtrat versucht, diesen Kulturdialog mit Hilfe eines französischen Kulturinstituts zu führen, das sich als ein österreichisch-französisches Kulturzentrum verstand und diese Lernkultur durchaus praktizierte. Der wichtige Aspekt, hier Lernkultur und eine Lerngemeinschaft zu entwickeln, ermöglicht, andere Kulturen in die eigene zu integrieren und daraus Synthesen und Symbiosen zu entwickeln, die sich immer wieder als äußerst produktiv erweisen.

Um zu verdeutlichen, was ich meine, will ich kurz aus zwei Büchern von alten Freunden zitieren. Der eine ist Viktor Matejka, der Wiener Kulturstadtrat nach 1945, der in seiner Definition österreichischer Kultur hervorhebt, was man unter Dialog der Kulturen, unter offener Kultur, unter Lernkulturen verstehen sollte. In seinem Buch „Kulturlandschaft Österreich“ hat er zu definieren versucht, was er unter österreichischer Kultur versteht:

„Die Kräfte und Eigenschaften, die den Österreicher zum Kulturschöpfer machen, sind nur allzu bekannt. Bekannt sind auch die Landschaften, aus denen diese Kultur entsprossen ist und immer wieder neu ersprießt. Bekannt ist auch das Glück und die Tragik unserer Vergangenheit. Bekannt sind die innigen Beziehungen unseres Volkes zu anderen Völkern. All das wirkt auf Wesen und besondere Eigenart dessen, was wir österreichische Kultur nennen: das übernationale Denken, den Kosmopolitismus, das Verlangen nach Freiheit, die Sehnsucht nach versöhnender Gerechtigkeit, den Mangel an Überheblichkeit, die Abneigung gegen jede Schnoddrigkeit, einen gesunden Sinn für schöpferische Schlamperei und Improvisation. Das sind alles jene Wesenszüge unseres österreichischen Menschen, die von einer nun in den Staub gesunkenen Ära für Träumerei, Dummheit, Feigheit oder Schwäche erklärt worden sind.“

Diese Sätze wurden im Jahr 1945 geschrieben. Wenn man diese Definition österreichischer Kultur auf Europa überträgt oder sie zumindest in eine Diskussion über europäische Kultur hineinnimmt, wird verständlich, was ich meine, wenn ich eine offene Kultur, eine Lernkultur anspreche.

Daß Lernkultur und der Kultur-Dialog nicht nur harmonisch vor sich gehen und nicht ein sozial oder politisch abgehobenes Denken sein können und sollen – ein Denkschema, das keineswegs in die Politik, in die Gesellschaft hineingehört –, habe ich bei einem anderen alten Freund gelernt. Darum zitiere ich abschließend aus dem erst vor kurzem erschienenen Essay „Kultur als subversiver Widerstand“ von Felix Kreissler. Kreissler versucht darin das Werk Antonio Gramscis einigermaßen neu zu interpretieren. Er meint, daß Gramscis Ansatz sich mit der Kulturarbeit und der Vorstellung von Volksbildung der österreichischen Sozialdemokraten der Zwischenkriegszeit deckt.

„Nie zielte die Kulturvorstellung dieses kommunistischen Philosophen der Praxis auf eine Integration der Arbeiterschaft in die bürgerliche Kulturwelt. Wie ein roter Faden zog sich durch Gramscis Werk, daß einer systemüberschreitenden Veränderung der Gesellschaft auch eine besonders intensive kulturelle Vorbereitung der Arbeiterschaft vorausgehen muß."

Wenn Begriffe wie Arbeiterschaft heute auch anders interpretiert werden, weil sich die soziologischen Aspekte verändert haben, wenn Kultur und Lernkultur auch als Konflikt und als Möglichkeit des Widerstands verstanden werden, gerade für die nach wie vor Ausgeschlossenen, Ausgesonderten und Beherrschten, also nicht als Harmonisierung, dann meine ich, daß Kultur in diesem Moment durchaus Sprengkraft erreicht. Damit wäre für einen Sozialisten kulturelle Identität in Europa erreicht.

Kulturpolitik ist kein Entweder-Oder

URSULA PASTERK

Bevor ich auf Wien, diesen kleinen Punkt im großen Europa, näher eingehe, möchte ich mich dem Thema abstrakter nähern. Mir fällt dazu der Titel eines Buches von Hans Magnus Enzensberger ein: „Ach Europa, ach Europa“. In diesem „Ach“ schwingt so ziemlich alles mit, was uns im Moment bewegt, ein Hauch von Resignation, eine Brise von Belustigung, ein Quentchen spöttischer Herablassung und eine gar nicht so kleine Portion Skepsis.

Das Projekt Europa ist derart vielgliedrig, derart komplex und auch derart widersprüchlich, daß inzwischen bereits ganze Generationen von Beamten und Politikern damit beschäftigt zu sein scheinen, ihm eine gewisse Übersichtlichkeit, eine gewisse Handhabbarkeit zu verleihen. Mit Lust am Detail wird über Maastricht-Beschlüsse und Konvergenz-Kriterien diskutiert. Man bahnt sich sozusagen mit der Machete einen Weg durch das unendlich dichte Gestrüpp vieler Paragraphendschungel und verliert in den Scharmützeln der Nebenkriegsschauplätze immer wieder den notwendigen Überblick über das große Ganze. Europa, das ist – abseits von Ökonomie und Politik – zunächst einmal ein symbolisches Projekt, der Versuch, eine Großidentität zu begründen, ohne daß die kleineren Identitäten beschädigt werden. Man will gegenüber konkurrenzierenden Wirtschafts- und Kulturräumen geschlossen und einheitlich auftreten und trotzdem die Vielfalt und die Diversifikationen der einzelnen Länder und Regionen erhalten, die dieses Europa eben ausmachen.

Daß die Kultur bei dieser fast unlösbaren Aufgabe eine sehr zentrale Rolle einnimmt, stimmt mich optimistisch. Es liegt für mich auf der Hand, daß gerade im Bereich der Kultur im Unterschied zur Politik wesentlich breitere und offenere Möglichkeiten vorhanden sind. Während die Politik sich im Alltag zumeist auf griffige Slogans und pragmatische Formeln beschränken muß, um Handlungsergebnisse zu erzielen, ist die Kultur in der Lage, gesellschaftliche Antagonismen in aller erforderlichen Breite und Tiefe zu diskutieren.

Im geistig-künstlerischen Umfeld von Kultur treten viele Probleme und Entwicklungstendenzen oft zum ersten Mal auf. Ich denke da zum Beispiel an das Stück „Bocksgesänge" von Botho Strauß, in dem erstmals der wirklich diskussionswürdige und zu hinterfragende gesamtgesellschaftliche Rechtsruck virulent geworden ist und thematisiert wird. Dieser Rechtsruck muß noch lange und ausführlich diskutiert und durchgesprochen werden.

Was wir nicht wollen – darüber sind wir uns einig –, ist eine Festung Europa. Wir wollen keinen monolithischen Wirtschafts- und Machtblock, sondern ein flexibles, dialog- und kommunikationsfähiges Gebilde, das seine Interessen zwar mit Nachdruck vertreten kann, jedoch in der Lage ist, weit über Europa hinaus global zu denken und zu operieren.

Über die Frage einer europäischen kulturellen Identität ist logischerweise viel räsoniert und debattiert worden. Oft wird die höhere Literarizität Europas gegen die visuellen Stimuli und oberflächlichen Flackerreize einer nordamerikanischen Kultur ausgespielt, und das, wie ich meine, zu Recht. Trotzdem soll man daraus nicht ableiten, in einem Akt von Kulturprotektionismus das europäische Kulturschaffen quasi unter Denkmalschutz zu stellen oder unter einen Glassturz, unter dem im besten Fall Käse zu schimmeln beginnt. Wenn es darum geht, konkrete Themen und Motive zu benennen, die wirklich für ganz Europa stehen können und stehen, dann erst sehen wir, wie schwer wir uns tun.

Bevor man sich allzuviel Gewalt antut und mit aller Kraft den kleinsten gemeinsamen Nenner des europäischen Gemeinsamen zu bestimmen versucht, sollte man den Gedanken Edward Saids folgen. Er vertritt im Grunde die These: Nicht der Begriff Identität ist wichtig; ihm gegenüber steht der Begriff Alterität, der vor allem in einer Diskussion über Europa und eine sogenannte europäische Identität bedeutsam ist. Es darf nicht darum gehen, sich durch die Konstruktion von Identität abzugrenzen und die geistigen Besitzstände gewissermaßen defensiv zu bewahren. Man sollte vielmehr das andere, das Fremde als eine – im Sinn Ernst Blochs – noch nicht realisierte Möglichkeit des eigenen Begreifen-Lernens im offenen, ungeschützten Dialog zu erkunden versuchen.

Identität, meint Said, hat immer mit Macht zu tun, mit Festlegungen, mit Versteinerungen. Ich schlage statt dessen einen kulturellen Begriff des Werdens vor, einen kulturellen Begriff der ständigen Entwicklung und der Veränderung, der einer dynamischen Vorstellung eines zukünftigen Europas auch viel eher entspricht.

Eines gilt es auf jeden Fall festzuhalten: Ein offeneres, ein transparenteres, ein durchlässigeres Europa beinhaltet auch und vor allem eine Aufwertung der Regionen. Nicht mehr so sehr die Grenzen der Nationalstaaten bestimmen die kulturellen Konturen des Kontinents, sondern kleinräumigere Bereiche, die sich in eine größere Geschlossenheit und in eine größere Kohärenz einweisen lassen.

Die Stadt Wien ist in diesem neuen Kontext nicht mehr so sehr ein Teil Österreichs, sondern ein eigenständiger Kulturknotenpunkt mit einer ganz speziellen kulturellen Identität, einer „cultural identity", die mit den Worten „Welthauptstadt der Musik" oder „Theatermetropole" umrissen werden könnte. Ich bin froh, daß wir in einer Stadt leben, in der unser derzeitiger Bürgermeister immer wieder betont, daß, solange er Bürgermeister ist, in dieser Stadt keine Theater geschlossen werden. Ich nehme damit auf Wolfgang Thierse Bezug, der das Schillertheater zu schließen für eine notwendige Entscheidung hält und dies sinngemäß etwa so darstellte: „Es war die notwendige Entscheidung, nach einer von der Kulturpolitik sehr schlecht getroffenen Entscheidung, dort eine sogenannte ‚Viererbande' zu installieren und quasi unregierbare Theaterzustände zu schaffen." Ob dies wissentlich oder unwissentlich geschah, ob aus Unkenntnis oder aus schlichter Ignoranz, weiß ich nicht. Ein Theater, das geschlossen wird, kann nie wieder eröffnet werden. Ein Theater, das geschlossen wird, ist wie eine offene Wunde. Ich verstehe schon, daß man als ein Mitglied der neuen Bundesländer sagt: „Endlich sind die Folgen der Einheit im Westen angekommen." Ich denke aber, daß Kulturpolitik sicher immer entscheiden muß, wo die Prioritäten liegen. Längst vor dem Gedanken an eine Schließung hätte entschieden werden müssen, wie man mit dem Schillertheater umgeht.

Es ist eigentlich schon sehr zynisch, daß man immer erst dann Räte für die Künste einsetzt, wenn das Geld weniger wird; daß man immer erst dann von angeblich notwendigen demokratischen Entscheidungsprozessen spricht, wenn die Betroffenen selbst sich um den kleiner gewordenen Kuchen streiten sollen. Kulturpolitik muß sich dadurch auszeichnen, daß sie sich für Kontinuitäten genauso zuständig erklärt wie für Brüche. Man darf auf Sparzwänge nicht hysterisch reagieren, sondern muß schon davor sehr genau und ohne Zeitdruck überlegen, wo man wie mit mehr Kostenbewußtsein weniger Mittel verteilen kann. Kultur ist für alle geschaffen – das war immer ein moralischer Anspruch –, und das ist ein Ziel, das man sich setzen muß.

Bei einer repräsentativen Umfrage in Wien über die Zufriedenheit mit dem Kulturangebot antworteten 80% der Wienerinnen und Wiener: „Was wir an dieser Stadt schätzen, ist die Vielfalt des kulturellen Angebotes. Wir wissen zwar, daß wir nicht jeden Abend überall hingehen können, aber wir schätzen es unendlich, daß wir die Möglichkeit hätten, an bis zu 50 Orten pro Abend je nach unserer Interessenlage an der Kultur teilzunehmen, Kultur zu genießen."

„Kultur für alle" war immer ein Slogan, eine notwendige Vision. Aber das funktioniert nur so lange, wie Kulturpolitiker dafür Sorge tragen, daß eine Kultur ermöglicht wird, die eben nicht für alle ist. In härter werdenden Konfrontationen, bei denen es um das knapper werdende Geld geht, wird man sich erstrangig dafür entscheiden müssen, das Gefährdete, das Widerständige und das, was kleiner ist, notwendigerweise zu schützen. Wenn man nicht schon vorher all diese Arten von Kultur, die nicht gerade von allen und für alle sind, zugelassen hat, dann braucht man sich nachher nicht mehr zu entscheiden. Je mehr Schillertheater in Deutschland zusperren, um so gefährdeter sind die freien Theatergruppen. Ich kann mir auch nicht vorstellen, das Deutsche Theater zuzusperren – warum dann das Schillertheater? Warum in dieser alten Ost-West-Mentalität denken? Ich verstehe es nicht. Es ist, als würde man den Kölner Dom zusperren, weil das Intensivsegment der Katholiken immer kleiner wird. Den Kölner Dom zuzusperren, wäre eine durch nichts zu entschuldigende kulturhistorische Tat. Ähnlich geht es mir mit dem Schillertheater, das – notwendige Entscheidung hin oder her – von einer schlechten Kulturpolitik in der Stadt Berlin verludert wurde. Ich halte es für zynisch, daß das Schillertheater zugesperrt wurde, damit zwei oder drei freie Theatergruppen überleben können. Es darf in der Kulturpolitik nicht eine Frage des Entweder-Oder geben.

Zurück nach Wien. In aktuellen europäischen Zusammenhängen kann und wird es nicht genügen, Brauchtumspflege im Sinn von Neujahrskonzerten, im Sinn des Wiens der Jahrhundertwende zu betreiben. Das sind Besitzstände, die wir ehren und pflegen müssen – und das tun wir auch – und die sicher erheblich dazu beitrugen, daß das Logo „Wien-Kultur“ weltweit bekannt wurde. Gerade heute, wo es darum geht, von fixen Infrastrukturen Abschied zu nehmen, in einer schönen neuen Medienwelt, in der es immer schwerer fällt, Sein und Schein auseinanderzuhalten, gerade heute müssen wir neue Akzente setzen. Wir müssen flexiblere Systeme und einen schnelleren Ideentransfer ohne Last von beengender und begrenzender Materie anstreben. Ich meine damit etwa die so viel gescholtene und als häßliche Schuhschachtel bezeichnete provisorische Kunsthalle am Wiener Karlsplatz, die eigentlich ein sehr moderner Bau ist und genau dem entspricht, was ich unter flexibel und kurzfristig verstehe. Ich werde weiter darum kämpfen, daß diese Kunsthalle einen endgültigen Standort im Museumsquartier bekommt.

Ein Container dieser Art wird auch von den Theater- und Museums-Verantwortlichen – nicht so sehr von den Politikern – anderer Länder als Ausdruck der Zeit gesehen. Die Containerkultur verkörpert – trotz aller Gegenstimmen der reaktionären Kräfte – in diesem ausgehenden Jahrtausend ein Symbol für Soziales, für Gesellschaftliches, für global Politisches. In Jerusalem leben die aus Rußland vertriebenen jüdischen Emigranten in Containern. Auch bosnische Flüchtlinge in Österreich wurden anfangs teilweise so untergebracht. Angesichts des Stellenwertes der ganz aktuellen zeitgenössischen Kunst von Dara Birnbaum bis Jenny Holzer ist der Container eigentlich mehr als ein Symbol für die Unterbringung dessen, was uns offenbar weniger wichtig zu sein scheint als Lipizzaner oder Mozartkugeln oder irgendwelche Bauten Fischer von Erlachs. Der Container regt dazu an, per se die Ortlosigkeit und in diesem Sinn auch das Vazierende zum Thema zu machen.

Wie soll es nun weitergehen in einer Phase, in der es richtig ist, notwendige Entscheidungen zu treffen? Wir müssen, nicht hysterisch, nicht unter Sparzwang, schon vorher überlegen, wo und wie größeres Kostenbewußtsein durch Einsparungen erreicht werden kann. Man kann z.B. am Theater bis zu 30% der Kosten herunterfahren, aber nicht zu Lasten des Künstlerischen. Ich habe bei unseren Theatern seit mittlerweile zwei, drei Jahren vorgeschlagen, Schattenbudgets, Worst case-Budgets zu erstellen, d.h. zu fragen: „Wenn ihr jetzt 10 oder 20% weniger hättet von dem, was euch zur Verfügung steht, wo würdet ihr sinnvoll einsparen können, ohne daß deshalb die Kunst leidet?“ Was stellte sich heraus? Das Programmheft kann dünner werden, muß womöglich gar nicht sein. Man kann bei Überstunden einsparen und technisches Personal rationeller einsetzen. Den Gewerkschaften ist mittlerweile der Schock in die Glieder gefahren, seit sie wissen, daß sie womöglich als erste die Schuldzuweisung dafür bekommen, daß Theater zusperren müssen, weil sie so unmäßig in ihren Forderungen sind.

Wie sieht eine Vision für die kleiner werdenden Budgets in der Kultur und in der Kulturpolitik aus? Um beim Häuservergleich zu bleiben – Container auf der einen, Palazzi auf der anderen Seite: Ich glaube, Häuser, auch Theaterhäuser, sind dann gut und nicht von Schließung bedroht, wenn sie eine ziemlich genaue Identität und ein konkretes Angebot aufweisen. Wenn das Theater in der Josefstadt sich vom Volkstheater unterscheidet – das hat nicht nur mit Altersgruppierungen, sondern sehr wohl mit dem dort angebotenen Programm zu tun –, dann haben beide eine größere Überlebenschance, als wenn sie jeweils ein Mixtum compositum von Unentschlossenheit zwischen Brecht und Schnitzler, zwischen Drei-Akt-Komiker-Geschichten und Ödön von Horvath darstellen. Identität ist bei fixen Häusern sehr wichtig. Auf der anderen Seite muß es ein nomadisierendes Sich-Erschließen von kulturell nicht markierten Stadträumen geben. Dazu gehören Veranstaltungen, die wir in der letzten Zeit im Bereich der Jugendkultur durchgeführt haben, angefangen von Clubbings, von zum Event gewordenen Visionen, vom Flanieren durch das Dickicht der Städte bis hin zu Musikfestivals, die in gerade erschlossenen neuen oder noch nicht dem Verkehr übergebenen U-Bahn-Schächten plötzlich stattfinden. Diese Dialektik aus Nomadisieren und daraus, sich Orte zu erschließen und sie gleich wieder aufzugeben, macht zum Beispiel das Wesen eines Clubbings aus. Es geht nicht um fixe Orte, und da müßten die Kommunalpolitiker wirklich dazulernen. Ich zähle mich selber dazu und habe schon dazugelernt. Die aus den 70er Jahren stammende Sorge irgendwelcher Bezirkskaiser, die jungen Menschen aus bestimmten Lokalitäten nicht mehr hinauszubekommen, ist unbegründet, weil das Kennzeichen der jetzigen Jugendkultur offenbar das Nomadentum ist. Einerseits geht es darum, Vorhandenes, insbesondere konkrete Häuser mit sehr konkreten, möglichst genau identifizierbaren Angeboten kostenbewußt zu erhalten, andererseits darum,

Räume in der Stadt punktuell zu erschließen. Dieses Entweder-Oder – entweder das Schillertheater oder ein Clubbing unter den Linden – darf unsere Kulturpolitik nicht dominieren. Beides muß möglich sein. Ein Theater zu sperren, damit irgendwo ein Clubbing stattfinden kann, halte ich für die falsche Alternative. Und Politiker, vor allem Kulturpolitiker, zeigen dort ihre Verantwortung, wo sie die Schließung eines solchen Theaters gar nicht erst zu einer notwendigen Entscheidung geraten lassen.

Gegen Re-Ästhetisierung und Kulturimperialismus

Für die Schwächeren, das Gefährdete und das Neue

WOLFGANG THIERSE

Das Kulturforum der SPD wurde schon vor langer Zeit gegründet und hat ein unterschiedlich munteres Dasein geführt. Die ursprüngliche Idee war – und ist im Grunde auch noch heute –, den Dialog, die Kommunikation zwischen der Partei und denjenigen zu fördern, die man – im weitesten Sinn des Wortes – Kulturschaffende nennt. Diese Kommunikation ist umso notwendiger, weil die SPD in Deutschland offensichtlich an kulturpolitischer Kompetenz oder – vorsichtiger ausgedrückt – an kulturpolitischer Ausstrahlung verloren hat. Es gab ja einmal große Zeiten im Verhältnis zwischen SPD und Künstlerschaft, etwa in der Ära Willi Brandts. In den 60er Jahren und Anfang der 70er fanden regelmäßig zu den Wahlen große Unterstützungsaktionen von sehr prominenten Künstlern statt. 1969 wurde Willi Brandt deutscher Bundeskanzler, wohl auch wegen der Unterstützung aus dem Bereich der Kultur und wegen des positiven Verhältnisses, das die führenden Personen der Partei zu den Kulturschaffenden besaßen. Die SPD zeigte damals besondere kulturpolitische Kompetenz – mit maßgeblichen Kulturpolitikern wie Hilmar Hoffmann, derzeit Präsident des Goethe-Instituts, der 20 Jahre lang Kulturdezernent der Stadt Frankfurt war.

Aus unterschiedlichen Gründen können wir beobachten, daß bei den Intellektuellen in Deutschland und wahrscheinlich auch in anderen europäischen Gesellschaften und Staaten eine tiefe Verunsicherung hinsichtlich ihrer Rolle besteht. Das Verhältnis zwischen Künstlern und Politik hat sich geändert und ist anders als früher durch Distanz, Skepsis, Mißachtung, Resignation, Enttäuschung und Abwendung charakterisiert. Das hat sehr viel mit den Umbrüchen seit 1989 zu tun, mit der tiefen Verunsicherung, die den Status der Intellektuellen betrifft, und damit, daß wir insgesamt doch eine Art mentaler und ideologischer Defensive der Linken erleben. Die linken Parteien und die linken Intellektuellen konnten die Umwälzungen seit 1989 innerlich noch nicht so verarbeiten, daß sie tatsächliche groß angelegte, überzeugende Konzeptionen formuliert hätten, attraktiv genug, um Künstler wieder zu einem Engagement für die SPD zu bewegen.

Alle öffentlichen Institutionen befinden sich in schwierigen finanziellen Situationen. Nimmt man das ernst, muß man erkennen, daß sich die Voraussetzungen für Kulturpolitik verändert haben. Und jeder Kulturpolitiker weiß: Am Schluß muß er immer ums Geld kämpfen. Kulturpolitik ist letztlich auch immer Auseinandersetzung darum, daß genügend Geld für die Förderung kultureller Aktivitäten und für die Künstler vorhanden ist. Das ist schwieriger geworden. Und es gibt schärfere Auseinandersetzungen.

Die Stadt Berlin, gleichzeitig auch Bundesland, verfügt Jahr für Jahr über einige Milliarden weniger. Ostberlin, die ehemalige Hauptstadt der DDR, wurde zu Lasten der übrigen DDR hochgepäppelt, und Westberlin war eine hochsubventionierte Stadt, sonst hätte es als Insel nicht überlebt. Diese gesamtstaatliche Förderung von ehemals zwei Staaten ist innerhalb von zwei Jahren heruntergefahren worden. Jetzt zeigt sich, daß die größte Stadt Deutschlands gar keine wirkliche Industriemetropole mehr ist. Alle großen Industrieunternehmen sind im Lauf der vergangenen 30 Jahre aus Westberlin abgewandert. Das Steueraufkommen ist radikal gesunken. Laut Prognosen wird es weiter sinken. Die geringeren Mittel können nicht mehr wie früher durch den Bundeshaushalt ausgeglichen werden. Wie geht man damit um?

Die großen Zeiten der Kulturpolitik sind vorüber. Sozialdemokratische Konzepte unter Stichworten wie „Kultur für alle" und „Kulturpolitik heißt ermöglichen", wie Hilmar Hoffmann so wunderbar formulierte, gehören der Vergangenheit an. Wenn man erkennt, daß wir in Zeiten leben, in denen nicht mehr alles zu erfüllen ist, dann muß Kulturpolitik plötzlich wieder Entscheidungen treffen, unter Umständen Wertentscheidungen darüber, was möglich ist und was nicht. Es gibt zwei extreme Reaktionen darauf: Die eine besteht aus einer Politik der Schließungen und Kürzungen. Als gegenteilige Reaktion beobachtet man den Rückfall in ein elitäres Kunst- und Kulturverständnis, sozusagen eine Re-Ästhetisierung von Kulturpolitik.

Dazu ein Beispiel, das wieder mit Berlin zu tun hat. Vor drei Jahren hat der Berliner Senat auf Vorschlag des Kultursenators, der damals von der SPD gestellt wurde, eines der bekanntesten Berliner Theater geschlossen, das Schillertheater. Es herrschte große Aufregung, und die Intendanten der anderen Theater – auch der Intendant des Burgtheaters – reisten an, um zu protestieren und die Dummheit, das Barbarische der Berliner Politiker groß anzuklagen. Dann reisten sie wieder ab, und ihre Solidaritätsbekundungen blieben ohne Folgen.

Was war der Grund? Der Senat stand vor der Entscheidung, entweder in den Theaterhaushalten allgemein um 10% zu kürzen oder ein Haus zu schließen; das betraf dann – auf Vorschlag des Kultursenators – das Schillertheater. Der eigentliche Skandal bestand wohl darin, wenn ich das als Ostdeutscher sagen darf, daß es ein Westberliner Haus betraf. Plötzlich kamen die Folgen der Einheit im Westen an. Westberlin – mitten in der ehemaligen DDR liegend, gewissermaßen Teil davon geworden – erlebte die Folgen der Einheit ohnehin von ihrer problematischsten Seite. Ich halte die Entscheidung zur Schließung des Schillertheaters immer noch für richtig und notwendig. Der Fehler war, daß der Berliner Senat diese Entscheidung nicht angemessen vorbereitet hat. Es gab keine wirkliche kulturpolitische Diskussion, die mit einer kulturell interessierten Öffentlichkeit geführt worden wäre.

Wenn sich die kulturpolitischen Rahmenbedingungen verändern, ist nicht mehr alles möglich. Alternativen müssen formuliert, Wertentscheidungen getroffen werden; dies muß auf demokratischer Basis geschehen sowie in einer breit angelegten kulturpolitischen Debatte, wofür die Gemeinschaft tatsächlich Geld ausgeben will und wofür nicht.

Inzwischen gibt es in Berlin einen Rat für die Künste, der fachliche Diskussionen führt. Darin sitzen Vertreter aller Sparten – Theater, Literatur, bildende Kunst –, Vertreter kulturpolitischer Institutionen, der Kulturämter, der Stadtbezirke. Sie müssen sich mit den Zwängen auseinandersetzen; sie können nicht mehr dieselben Summen wie bisher verlangen. Sie entwickeln Strategien, wie man vernünftig einsparen und kürzen kann, ohne Substanz zu gefährden, oder Akzente zu setzen, geht es um besonders gefährdete Bereiche in der Kultur.

Das Kulturforum der SPD ist keine Institution der Partei selbst, sondern ein ihr nahestehender eingetragener Verein auf Bundesebene, dem teilweise prominente Künstler und wenige Politiker angehören. Es soll nicht der Eindruck erweckt werden, die Partei wolle hier Künstler instrumentalisieren und sie nur für Wahlkampfzwecke mißbrauchen. Sie lassen das allmählich nicht mehr mit sich geschehen. Auch in den Städten und den Ländern existiert eine ganze Reihe von Kulturforen, z.B. in Hannover, Saarbrücken oder München. Sie initiieren und inszenieren ständig Kommunikation zwischen der SPD, sozialdemokratischen oder mit der SPD sympathisierenden Politikern und den Künstlern und tragen auch zur wechselseitigen Befruchtung bei.

Inzwischen ist das Kulturforum der SPD – im Vorgriff auf den hoffentlich 1999 stattfindenden Umzug von Parlament, Regierung und Parteivorstand – nach Berlin übersiedelt. Ich habe den Vorsitz des Kulturforums übernommen mit der noch dazu speziellen Absicht, Anstrengungen zu unternehmen, die enttäuschte, verunsicherte, sich in Schmollwinkel zurückziehende ostdeutsche Intelligenz, die einmal in der SED war oder ihr nahestand, zu gewinnen und ins Gespräch zu ziehen. Hierin liegt eine der Schwächen der SPD gerade in Ostdeutschland. Wir haben hier neu angefangen und müssen versuchen, uns zu öffnen, um zu zeigen, daß wir eine bestimmte Souveränität und Freiheit des Umgangs auch mit jenen pflegen, die sich einmal mit der DDR und der SED identifizierten. Sie haben sich in besonderer Weise zurückgezogen, sind enttäuscht oder zu einem gewissen Prozentsatz in beunruhigender Weise auch Anhänger der PDS. Es gilt, ein Forum zu finden, das nicht sofort wieder den Eintritt in eine Partei verlangt, denn diesbezüglich empfinden viele sich als gebrannte Kinder. Dieses Grundgefühl, nie wieder in eine Partei zu wollen, durch eine Institution zu überwinden, die im Umfeld der SPD agiert, aber nicht ihr unmittelbarer Teil ist, stellt eine der Aufgaben des Kulturforums der SPD dar.

Ich beobachte, daß vielerlei Skepsis gegenüber Europa mit Ängsten zu tun hat, die nicht nur und nicht allein aus den ökonomischen Problemen der europäischen Einigung herrühren, etwa aus dem Umstand, daß es in Europa eine dramatische Massenarbeitslosigkeit gibt, die in Österreich niedriger, in Deutschland, Frankreich und anderen Ländern höher ist. Eine Skepsis gegenüber Europa hat nicht nur damit zu tun, daß undurchsichtig bleibt, welche materiellen, sozialen und finanziellen Vorteile diese Mitgliedschaft in der EU einem persönlich bringt. Diese Skepsis gegenüber Europa hat auch mit Identitätsängsten zu tun, mit der Furcht davor, daß das, was man selbst ist – durch Geschichte, Tradition, Heimat, durch kulturelle Prägung und kulturelle Eigenart –, in diesem großen vereinten Europa keine wirkliche Chance mehr hat, daß der europäische Einigungsprozeß und die weitere europäische Entwicklung eine Art kulturelle Nivellierung bedeuten. Beobachtet man die Phänomene der kulturellen Entwicklung der letzten Jahrzehnte, ist diese Befürchtung nicht so leicht von der Hand zu weisen.

Gibt es in Europa einen kulturellen Imperialismus eines der europäischen Länder? Selbst wenn ich vermute, daß manche Österreicher Angst vor diesem großen Deutschland empfinden, besteht ein kultureller deutscher Imperialismus nicht tatsächlich, auch wenn wir vor allem durch quantitative Überlegenheiten auffallen. Zu den Umbruchprozessen gehört auch das, was wir die Entwicklung der Informationsgesellschaft nennen. Es verändert unsere Kultur auf geradezu dramatische Weise. Nicht nur, daß wir die Realität zahlreicher Fernsehprogramme erfahren – in Österreich kann man vermutlich kaum weniger Programme empfangen als in Deutschland –; die Einführung des Privatfernsehens, die Vervielfachung der Fernsehangebote hat nicht dazu geführt, daß etwa die Vielfalt von Kultur sichtbar geworden wäre, sondern zum Gegenteil. Man kann dies an den beiden großen und bisher erfolgreichsten Fernsehkanälen SAT 1 und RTL in Deutschland erkennen, bei denen nicht die Vielfalt des kulturellen Angebots, sondern die Durchsetzung des US-amerikanischen Angebots im Vordergrund steht.

Das hat zunächst ursächlich nichts mit der europäischen Einigung zu tun, sondern damit, daß weder ökonomische Grenzen noch Grenzen für das Kapital existieren; dies bezeichnen wir als den wirtschaftlichen Prozeß der Globalisierung. Es gibt dank der Entwicklung der Informationstechnologie auch kulturell keine Grenzen mehr. In diesem Vorgang der kulturellen Entgrenzung und Internationalisierung setzen sich die Stärkeren durch, die großen US-amerikanischen Medienkonzerne. Gelegentlich, nur um meine Wut zu bestätigen, studiere ich die Programmzeitschriften und zähle, was an einem Tag in den etwa 25 Programmen, die man in Deutschland empfangen kann, an Filmen und Fernsehspielen angeboten wird. Das führt immer wieder zum selben Ergebnis: Etwa drei Viertel davon kommen aus den USA.

Wenn wir diesen Ängsten vor kultureller Nivellierung, vor Zerstörung von regionaler, heimatlicher kultureller Identität und geschichtlicher Prägung begegnen wollen, brauchen wir eine europäische Kulturpolitik, die sich gegen jene Marktmechanismen richtet, die dazu führen, daß sich immer die Stärkeren durchsetzen. Gefragt wäre eine europäische Kulturpolitik des Schutzes, der Förderung der kulturellen Vielfalt und der regionalen Identitäten, genau dessen, was den Reichtum Europas ausmacht, nämlich der Verschiedenheit von Kultur. Das kann nicht mehr in nationalstaatlichen Grenzen geschehen, denn diese gibt es der Informationsmedien wegen kulturell nicht mehr. Dazu brauchen wir europäische Anstrengungen. Wir werden vielleicht dann darüber streiten, ob so etwas wie die Quotenregelung in den französischen Fernsehkanälen – so und so viel Prozent müssen aus dem heimischen europäischen Angebot gesendet werden – sinnvoll ist. Ich empfinde dafür viel Sympathie, weil meine Grundüberzeugung von Kulturpolitik dahingehend lautet: Kulturpolitik muß sich immer für die Schwächeren entscheiden, für das Gefährdete und für das Neue. Das Überhandnehmen des Stärkeren kann nicht noch durch Fördermittel unterstützt werden.

So, wie es im ökonomischen und sozialen Bereich Regionalförderungen in Europa gibt, könnte eine europäische Kulturpolitik doch darin bestehen, Akzente zu setzen, wie gefährdete Kultur geschützt werden kann, wie europäische Vielfalt und der Austausch zwischen den verschiedenen nationalen Kulturen gefördert werden könnten. Dafür gibt es Ansätze zu Euroregionen, damit grenzüberschreitend nicht nur ökonomischer, sondern auch kultureller Austausch stattfindet. Das sollte man fortsetzen. Ich finde es wichtig, diese Art von Schutz und Förderung der unterschiedlichen Identitäten deutlicher kenntlich zu machen. Das verstehe ich unter vernünftiger europäischer Kulturpolitik. Wenn sie sichtbar wird, könnte sie einen Beitrag dazu leisten, vorhandene Ängste gegen dieses große nivellierende Europa und das unterschiedliche Gewicht der einzelnen Länder darin abzubauen.

Der europäische Einigungsprozeß ist eben nicht nur ein ökonomischer, sozialer und finanzieller, er muß auch notwendigerweise einer der Kommunikation, des kulturellen Austausches und der kulturellen Akzentsetzung sein.

Bildung und Wissenschaft als Motor gesellschaftlicher Entwicklung

Wichtiger als der Marmorfußboden ist, was die Tochter in den Kopf bekommt

Peter Glotz

Es gibt unterschiedliche Motoren gesellschaftlicher Entwicklung. Das können Bodenschätze, das kann aber auch – siehe China mit einer Milliarde Menschen – die Demographie sein. Standortvorteile, z.B. billige Arbeitskräfte, gehören dazu. Bei Industriegesellschaften wie der österreichischen, der deutschen oder der französischen sind diese Voraussetzungen in der Regel nicht gegeben. Da geht es um die Frage: Was findet in den Köpfen der Menschen und an handwerklichen Fähigkeiten statt? Damit sind Bildung und Ausbildung gemeint und auch, inwieweit sich daraus neue Weichenstellungen in Richtung Forschung und Entwicklung ergeben.

Durchaus unterschiedliche Elemente bestimmen also die entscheidenden Faktoren gesellschaftlicher Entwicklung. Meine These lautet daher: Wir befinden uns auf dem Weg von der Industriegesellschaft zur Informationsgesellschaft. Ich mache das an einem ganz banalen Tatbestand deutlich:

Über viele Jahrzehnte hinweg war General Motors die größte Firma der Vereinigten Staaten. Das ist längst nicht mehr der Fall. Auch IBM gilt nicht mehr als größte Firma der USA. Die größte Firma der Vereinigten Staaten heißt Manpower und ist ein Dienstleistungsunternehmen, das Teilzeitarbeit anbietet und 565.000 Mitarbeiter beschäftigt. General Motors und IBM haben etwas über 300.000 Beschäftigte. Daran sieht man die Entwicklung beispielhaft.

In Deutschland wurde der Aufschwung der letzten Jahrzehnte von vier großen Industriegruppen getragen: Elektrotechnik, Chemie, Autoindustrie und Maschinenbau. Von diesen vier Industriegruppen wird der Aufschwung am Anfang des 21. Jahrhunderts nicht mehr ausgehen. Der Maschinenbau befindet sich in seiner größten Krise seit 1945. Wir werden nicht in der Lage sein, immer mehr Autos zu produzieren. Am stabilsten ist noch die deutsche Chemie, die aber vom Umsatz her längst mehr in Japan und in den USA produziert als in Deutschland selbst.

Bei den großen Zukunftsindustrien wie Computer-, Software- und Medienindustrie sowie Biotechnologie, um nur einmal vier Beispiele zu nennen, befinden sich die europäischen Staaten ziemlich im Hintertreffen. Es gibt in ganz Europa keine einzige Softwarefirma, die in irgendeiner Weise mit Microsoft von Bill Gates vergleichbar wäre. Wir haben eine erfolgreiche Neugründung, die Firma SAP bei Heidelberg mit 1.700 Mitarbeitern, eine sehr gute Softwarefirma, aber verglichen mit Microsoft ein Laden in einer Nische. Und so könnte ich das von Fall zu Fall abhandeln. Darin liegt das Problem Europas.

Meine These lautet: Europa ist verkarstet, ist langsam, schwer beweglich. Nichts zeigt das deutlicher als folgendes Faktum:

In den vergangenen 20 Jahren haben in den USA 25 Firmen bei Null begonnen und sind so groß geworden, daß sie heute weltweit operieren. Dazu gehören: das bereits zitierte Softwareunternehmen Microsoft, Sun Micro Systems, das beste Unternehmen für Workstations, ein Halbleiterproduzent wie LSI Logic und – jetzt schon in der Krise, die vielleicht noch zu verhindern ist – Apple Computer.

In Deutschland beherrschend sind Großbanken, die in den späten Jahren des 19. Jahrhunderts, vor allem nach 1871, begründet wurden. Siemens, Bosch, Fiat oder Philips haben dasselbe Alter. Alle diese großen Unternehmen entstanden in der letzten Gründerzeit vor mehr als 100 Jahren. Welche neuen großen Unternehmen sind eigentlich im Zug des neuen Booms entstanden? In Deutschland gab es nach 1945 Firmen wie Grundig (Grundig gehört längst Philips) oder Nixdorf (Heinz Nixdorf ist tot, sein Unternehmen gehört längst Siemens). Übriggeblieben sind Bertelsmann, als großes Unternehmen, das nach 1945 begründet wurde, und zwei Handelshäuser; eines davon ist das Handelshaus Quelle. In den letzten 20 Jahren geschah nichts.

Darin liegt eines der grundsätzlichen Probleme unserer Arbeitslosigkeit: Wie gründen wir neue Unternehmen, die in neuen Branchen neue Arbeitsplätze schaffen? Dafür gibt es viele Beispiele in Singapur, Korea und den USA, nicht jedoch bei uns, nur in sehr begrenztem Umfang in Europa, übrigens auch nur in sehr begrenztem Umfang in Japan, das mit uns verglichen werden kann.

Im Gegensatz dazu sind die Japaner derzeit dabei, Wissenschaft und Forschung mit Gewalt aufzurüsten. Japan will in den nächsten fünf Jahren seinen Haushalt für Bildung und Forschung um 50% aufstocken und zusätzlich 182 Milliarden Dollar investieren. Eine Grundlagenforschung, wie sie etwa in Deutschland existiert, gibt es in Japan nicht. Japan hat sich sehr auf Forschungszentren, auf staatlich finanzierte Programme in ganz bestimmten Schneisen festgelegt und will jetzt das nachholen, was in Westeuropa die Universitäten tun. Im Unterschied dazu werden in fast allen westeuropäischen Gesellschaften bei Wissenschaft und Bildung die Budgets genauso gekürzt wie überall anders, nach dem Motto: Wir sind pleite, wir können nicht anders. Die Japaner sagen: „Wir sind pleite, wir können nicht anders, aber bei Wissenschaft und Bildung stokken wir um 50% auf." Ich halte das für eine klügere Strategie als jene, die derzeit fast alle europäischen Staaten versuchen. Man muß sich aber dessen bewußt sein, daß die Japaner eine der großen Konkurrenzgesellschaften sind. Deutschland ist in Forschung und Bildung von seiner ehemaligen Spitzenposition auf eine der letzten Positionen aller OECD-Staaten gefallen.

Europa ist der Gefahr der Verkarstung ausgesetzt

1. In Deutschland – so wie in Österreich – gibt es eine ordentliche, weltweit anerkannte duale Berufsausbildung: Lehrlinge gehen in den Betrieb und gleichzeitig in die Berufsschule. Wenn man in die USA kommt, hört man immer wieder, daß Bill Clinton das duale System der Berufsausbildung lobt. Nur in Deutschland hat die Industrie in den letzten fünf Jahren ein Viertel ihrer Ausbildungsplätze abgebaut. Das Handwerk bildet nach wie vor aus. Der größte Arbeitgeber bei den Bäckern in ganz Deutschland ist Ford. Dennoch bilden wir Bäkker aus, die keinen Job bekommen und dann zu Hilfsarbeitern werden. Darauf antworten wir Sozialdemokraten: „Immer noch besser, einer ist als Bäcker ausgebildet als gar nicht." Das stimmt, aber dahinter steckt natürlich ein Problem.

   Die Industrie hat ein Viertel ihrer Ausbildungsplätze gekürzt. Österreichische Unternehmer sagen, ein österreichischer Lehrling koste sie siebenmal soviel wie ein tschechischer Hilfsarbeiter. Die Tendenz, nicht mehr auszubilden, wird immer stärker.

Diejenigen, die wir nicht mehr auf Ausbildungsplätzen in dualen Systemen unterbringen, werden dann auf die Universitäten und Fachhochschulen gehen, weil wir sie nicht ausweisen können. Wir werden sie irgendwo im staatlichen Bildungssystem unterbringen müssen und daher an den Hochschulen nicht weniger, sondern mehr Leute bekommen.

2. Seit 1977 hat sich in Deutschland die Zahl der Studierenden um etwa 80% erhöht. Die Zahl der Stellen und Mittel für die Universitäten wurde nur unwesentlich um 6%, die Zahl der Mittel um 10% erhöht. Das bedeutet, technokratisch ausgedrückt: Die Betreuungsrelation wird immer schlechter, der Professor, der Assistent, die Hilfskraft, die an den Universitäten Menschen betreuen, werden immer weniger. Daraus resultiert eine immer schlechtere Ausbildung. Vor zwei Generationen war jeder Amerikaner stolz, wenn er sagen konnte: „Ich war ein Semester in Heidelberg." Heute hingegen ist jeder Deutsche stolz, wenn er sagen darf: „Ich war ein Semester in Harvard oder in Stanford." Nach Heidelberg kommen die Leute bestenfalls noch wegen des Schlosses. Nichts gegen Heidelberg – das ist eine große Universität, die sich bemüht und ihre Arbeit tut. Nur – der Zauber der Zeit von Max Weber ist vorbei. Wie lange können wir uns das eigentlich leisten? Die deutsche Bundesregierung fordert mehr Studierende im Ausland und hat gleichzeitig die Bestimmung gestrichen, nach der jemand, der ein Semester im Ausland studiert hat, ein Semester länger Unterstützung bekommt. Das bedeutet, daß kaum jemand mehr ins Ausland gehen kann. Eine völlig unlogische Haltung, die achselzuckend hingenommen wird, wie vieles hingenommen wird. Wie lange halten wir das aus?
3. Es ist kein Zufall, daß in den USA neue Unternehmen entstehen. Dort herrscht eine lebendige „Venture-capital-Szene". In Kalifornien gibt es 120 „Venture-capital"-Firmen, die nichts anderes tun, als Kapital für technologieorientierte Neugründungen zu besorgen, um sie an die Börse zu bringen. In Deutschland bestehen vielleicht noch fünf bundesweit agierende private Firmen dieser Art und zusätzlich eine regionale in jedem Bundesland. Aber in Deutschland spricht man

von „Risikokapital“. Und unsere Banken sagen: „Risiko? Wir können nur so viel Risiko eingehen, daß wir nicht draufzahlen.“ In den Vereinigten Staaten boomt ein Drittel dieser Firmen, ein Drittel dieser Firmen kommt eben so über die Runden, ein Drittel geht kaputt. Das deutsche Bankensystem ist derzeit nicht bereit, ein solches Risiko zu übernehmen.

Die Rahmenbedingungen für die Entstehung neuer Firmen sind in den USA, insbesondere im Westen, in Kalifornien, nicht vergleichbar mit den Rahmenbedingungen in Deutschland. Die Ingenieurstudenten in Stanford gründen in Garagen neue Firmen. Wenn sie diese nicht gründen, ist ihr Wissen bald verfallen. In Deutschland versuchen die Studenten, doch noch eine halbe „BAT 2A-Stelle“ (eine bildungspolitische Beschäftigungsmaßnahme) an einer Universität zu bekommen, bevor sie in die Garage gehen. Übrigens darf man bei uns in der Garage gar keine Firmen gründen, weil man dafür Fenster braucht und es in Garagen keine gibt.

Dies sind Situationen und Bedingungen, bei denen wir uns fragen müssen, ob wir auf die Dauer konkurrenzfähig bleiben und unser schreckliches Problem Arbeitslosigkeit bekämpfen können. Allein in den letzten vier Jahren sind in den Vereinigten Staaten zwei Millionen neue Arbeitsplätze geschaffen worden. In Europa gehen die Arbeitsplätze kontinuierlich zurück. Ich glaube, wir müßten dreierlei tun:

1. Was die Forschung anbelangt, brauchen wir Leitprojekte. Staat und Wirtschaft müssen miteinander kooperieren. Nicht der Staat darf bestimmen, was geschieht, aber Staat und Wirtschaft müssen miteinander über die Frage reden, welche Projekte entstehen sollen. Die Projekte müssen von der Industrie gemacht werden, aber der Staat muß vielleicht Forschungsinstitute gründen und Gelder für Grundlagenforschung bereitstellen. Ob es nun die Computerisierung der Schulen betrifft – in Deutschland sind von 46.000 Schulen 500 am Internet – oder ob es das abgasarme Auto ist: Wir müssen, wie es die Amerikaner und auch die Japaner tun, uns auf ganz bestimmte Grundrichtungen verständigen.

   Es gibt eine wunderbare Studie, die Habilitationsschrift des Schweizers David Gugerli, der schildert, wie die Schweiz als eines der ersten Länder elektrifiziert wurde. Das Buch heißt „Redeströme“, weil die Elektrifizierung in der Schweiz durch Menschen vorangetrieben wurde, die über die wunderbaren Effekte des elektrischen Stroms positiv redeten.

Al Gore verbreitet einen Redestrom über Superhighway, Internet und Multimedia. Wer tut das in Österreich, in Deutschland, in Frankreich? Ich glaube, es gibt nicht genügend Menschen, die das tun.

2. Wir brauchen eine Reorganisation und Reform unserer Universitäten. In Deutschland fehlen uns zwischen 4 und 7 Milliarden Mark zur Reorganisation der Lehre. Wenn man die Leute nicht mehr betreuen kann, wird die Ausbildung immer schlechter. Das darf nicht sein. Ich bin sehr dafür, daß der Staat alles bezahlt. Ich fürchte nur, er wird es nicht können. Da müssen wir andere Wege der Finanzierung finden. Es geht aber nicht nur ums Geld, es geht auch um die Kommunikation. An den deutschen Universitäten ist der Mißstand eingerissen, daß die Leute alle „Bindestrich-Wissenschaften“ vertreten und keiner mit keinem redet. Nur noch die sehr eng verwandten Fächer sprechen miteinander. Ein Streit der Fakultäten, wie das einmal zu Kants Zeiten hieß, fehlt. Das Neue findet jedoch in den Schnittflächen und Schnittmengen der Fächer statt. Deswegen spielt die Universität in der deutschen Gesellschaft auch eine sehr viel geringere Rolle als zu früheren Zeiten. Dies muß geändert werden.
3. Wir müssen versuchen, die berufliche Bildung zu retten. Dies geht meiner Meinung nach nur dadurch, daß ein Ausgleich zwischen den Betrieben geschaffen wird, die noch ausbilden, und jenen, die das nicht mehr tun. Nur noch ein Drittel der Firmen bildet aus. Diejenigen, die nicht mehr ausbilden, sollten in einen Fonds einzahlen, der von den Kammern nach Branchen organisiert wird. Dagegen läuft die Wirtschaft natürlich Amok, aber auf die Dauer wird es mit Überredungskünsten allein nicht mehr gehen. In Deutschland funktioniert es so, daß immer nur der Bundeskanzler sagt: „Liebe Wirtschaftstreibende, ihr müßt etwas tun.“ Dann nicken diese mit dem Kopf und bringen wieder zwei Ausbildungsplätze. Die Überredungskünste des Bundeskanzlers werden irgendwann versagen, gleichgültig, wer Bundeskanzler ist. Man muß ein System zur Veränderung finden.

Am wichtigsten für Gesellschaften vom Typus der österreichischen, der deutschen oder auch der niederländischen ist die Investition in Köpfe.

Für einen deutschen Arbeiter ist sein Eigenheim das wichtigste. Dagegen habe ich überhaupt nichts. Das kann ich absolut verstehen. Ich finde jedoch: Noch wichtiger als ein Eigenheim und ein Marmor- oder Kachelfußboden im Badezimmer ist das, was die Tochter oder der Sohn in den Kopf bekommt. Die Arbeitslosigkeit der Akademiker beträgt in Deutschland 3%, die durchschnittliche Arbeitslosigkeit 8,3%. Wer mehr gelernt hat, wird seltener arbeitslos. Würden das die sozialdemokratischen Parteien in Europa jeden Tag überall erzählen und auch daran glauben, könnten sie große Wirkung erzielen und damit auch Wahlen gewinnen.

Bildung und Wissenschaft

Selbstkritik ist angebracht

Sepp Rieder

Den internationalen Statistiken ist zu entnehmen, daß die Österreicher mit 87,5 Milliarden Schilling im Jahr 1995 bei den Ausgaben für Auslandsaufenthalte die Weltmeister im Geldausgeben sind. Ich verbinde damit keinen wie immer gearteten Vorwurf oder Bezug zur Leistungsbilanz, sondern gebe zu bedenken, daß diese Mittel für private Zwecke nur deswegen zur Verfügung stehen, weil Ausgaben in anderen Bereichen durch öffentliche Transferleistungen abgedeckt werden. Die Österreicher verfügen im großen und ganzen über einen beachtlichen privaten Wohlstand, weil sie kein Sparbuch anlegen müssen, um damit die Ausbildung ihrer Kinder zu finanzieren oder für den Krankenhausaufenthalt zu sorgen. Aber dieser private Wohlstand, den man früher an der Anzahl der Telefonanschlüsse, der Kühlschränke und der Kraftfahrzeugzulassungen ablesen konnte und heute an diesen Ausgaben messen kann, geht zunehmend zu Lasten der öffentlichen Budgets. Ohne daß wir es bemerken, vollzieht sich eine Veränderung in Richtung privater Wohlstand, in Richtung Kapitalertrag auf Kosten jener Mittel, die für den Transferbereich zur Verfügung stehen würden.

Vieles, was sich heute unter dem Begriff „Reformen“ im Bildungs- und im Gesundheitswesen vollzieht, ist nicht vergleichbar mit den Reformen der 70er Jahre. Dahinter verbergen sich genau genommen Sparprogramme, die den Ausgabenrahmen senken sollen oder Leistungen, die bisher öffentlich erbracht oder öffentlich finanziert wurden, in den privaten Sektor zu verschieben versuchen. Das ist – um es vorsichtig auszudrücken – schon heute ein Problem und wird in Zukunft ein immer größeres Problem werden. Bestärkt werden solche Trends zu einer Rückverschiebung in den privaten Bereich auch durch Verteilungsstudien wie die neulich präsentierte WIFO-Verteilungsstudie, die – vermeintlich richtig oder nicht – in ihrer Aussage bestätigen, daß in den Verteilungsmechanismen so manches nicht stimmt. Man kann z.B. lesen, daß die Ausgaben für Hochschulen, Wohnbauförderung, Kultur und Straßenverkehr die bestehenden Einkommensdiskrepanzen nicht vermindern, sondern verstärken. Die Effizienz der Verteilungsmechanismen muß neu überprüft werden.

Bei der Frage „Wie und unter welchen Bedingungen vollzieht sich Bildungs- und Wissenschaftspolitik?“ muß berücksichtigt werden, daß sich gegenüber den 70er Jahren auch in der Grundeinstellung der Bevölkerung ein ganz wesentlicher Wandel vollzogen hat. An die Stelle eines früher fast absoluten Vertrauens in Wissenschaft, Forschung und Fortschritt ist eher ein Mißtrauensvorschuß getreten. Dafür sind verschiedene Faktoren ausschlaggebend. Ausdruck dieses Mißtrauens und dieser Vorsicht sind zunehmend gesetzliche Beschränkungen, zu deren Berechtigung ich durchaus stehe. Gentechnikgesetz und Tierversuchsgesetz sind nur unter einer derzeit existierenden Grundstimmung zu begreifen, die nicht von absolutem Vertrauen in die Zukunft gekennzeichnet ist.

Es ist kein Zufall, daß uns auch auf dem ideologischen Gebiet der politischen Parteien im gleichen Maß der Blick für eine Gesamtschau, für ein weltpolitisches oder ideologisches Gesamtgebilde abhanden gekommen ist. Auch hinsichtlich der Diskussion über unser eigenes Parteiprogramm haben wir von einem weltanschaulichen Gesamtbild, von einem geschlossenen Bild eher Abschied genommen. Das sind alles keine Zufälle. Im Denken der Menschen vollzieht sich eine Veränderung, die natürlich auch in dieser Frage eine Rolle spielt. Eine direkte Wissenschafts- oder Bildungsfeindlichkeit im öffentlichen Bewußtsein gibt es wohl nicht. Es ist – viel nüchterner ausgedrückt – eher Gleichgültigkeit, die, so steht zu befürchten, fast noch schlimmer ist, weil sie nicht einmal polarisiert.

Man muß berücksichtigen, daß in der gesellschaftlichen Werteskala – „Was ist uns wichtig?“ – die Bildung deutlich abgerutscht ist, und zwar nicht nur in den unmittelbaren, handfesten Interessenlagen Sicherheit und Arbeitsplatz, sondern auch in der gesamten Werteskala. Dazu kommt noch, daß sich alles das in einer europäischen Wirtschaftspolitik vollzieht, die eindimensional monetär ist und gesellschaftliche Strategien großteils vermissen läßt. Das alles ist Anlaß, eine antizyklische Bildungspolitik zu fordern, eine Bildungspolitik, die aus sozialdemokratischer Sicht Gesellschaftspolitik sein muß und auch die Frage der politischen Bildung einbezieht.

Wir sind so selbstzufrieden mit dem, was in der politischen Bildung gegenüber einem Null- oder Minusstand vor Beginn der 70er Jahre erreicht wurde, daß wir aufgehört haben, daran zu denken, wie wichtig die politische Dimension der Bildung ist und wie wichtig es auch ist, eine Renaissance der politischen Bildung einzufordern. Der Begriff „Motor der Entwicklung" beinhaltet nicht nur die Standortfrage – sowohl Österreich als auch Deutschland sind wichtige Wirtschaftsstandorte –, sondern auch eine Wirtschaftsfrage und eine gesellschaftliche Frage. Man muß hinzufügen, daß dieser Motor nur funktioniert, wenn in der Bildung etwas getan wird.

Ohne Bildung kann es keine Emanzipation, keine Gleichheit von Mann und Frau, keine Solidarität, keine Selbstfindung und Entwicklung des Menschen geben. Wir stehen hier nicht am Ende einer Entwicklung, nicht einmal an einer Zäsur, wo wir uns gelassen in der Oase ausrasten können, sondern wir befinden uns in einem ständigen Kampf um Weiterentwicklung.

Wir leben in einer Situation, in der politische Profile verblassen. Die großen Parteien kommen einander näher. Andererseits sind Entwicklungen in eine extreme Richtung festzustellen. Hier geht es nicht nur um den Kampf gegen Neofaschismus und gegen Neo-Nationalsozialismus, sondern auch um Weltanschauungen. Es gibt Bestrebungen, vieles auf diesem Gebiet gesellschaftsfähig zu machen, wenn es dies zum Teil nicht ohnehin schon geworden ist. Für uns muß es darum gehen, diesen rechten Bewegungen zu begegnen, die sich genaugenommen zum Sprachrohr der Sprachlosen machen wollen. Wir spüren es ja. Vieles in der aktuellen politischen Auseinandersetzung beruht darauf, daß sich jemand zum Sprachrohr macht für diejenigen, die sich selbst nicht in der Lage sehen, das auszudrücken, was sie empfinden, und jemand anderen an ihrer Stelle verantwortlich machen für das, was ihnen geschehen ist. Deshalb muß gerade jetzt die gesellschaftspolitische Dimension von Bildung erkannt werden.

Man muß auch den ganzheitlichen Ansatz berücksichtigen. Die Situation der Universitäten kann von der Situation der Schulen nicht abgekoppelt werden. Bildungseinrichtungen gelten zu Recht auch als Orte der sozialen Begegnung. Es geht in der Bildung um die soziale Kompetenz. Will man von den Erwachsenen Solidarität einfordern, müssen sie von Jugend auf diese soziale Kompetenz lernen und begreifen. Arbeitswelt und Bildung sind nicht zwei verschiedene Faktoren, sondern bilden eine Einheit. Alle Anforderungen der Arbeitswelt können nur in einem einheitlichen Verständnis der Bildung bewältigt werden.

Die Wechselbeziehung von Schule, Universität und Arbeitsplatz ist an zwei Trends abzulesen: Der Abwärtstrend der Hauptschule setzt sich fort, und der Run auf die Mittelschule geht weiter. Was werden die vielen Abiturienten/Maturanten in einer Arbeitswelt machen, wenn sich genau zum Zeitpunkt ihrer Berufstätigkeit die Rationalisierung am Höhepunkt befindet? Diese ganzheitliche Betrachtung sollten wir gelegentlich stärker einfordern, als dies heute der Fall ist.

Es kann keinen Vorwand für die Entlassung des Staates aus seinem Bildungsauftrag und seiner Bildungsverantwortung geben. Wir brauchen uns nicht mit der Sorge zu quälen, daß jetzt plötzlich die Privatuniversitäten wie die Pilze aus dem Boden schießen werden. Dazu fehlen auch die Finanzierungsmöglichkeiten, in Deutschland nicht anders als in Österreich. Und es handelt sich weniger um die Frage der Eigentümer, sondern um die Frage der Verantwortlichkeit und um den öffentlichen Auftrag. Der Bildungsauftrag ist Gesellschaftspolitik pur. Wer glaubt, dort etwas abgeben zu können, der vergibt nicht nur Machtfülle in eigener Sache, sondern gibt Verantwortung auf, die nicht kompensiert wird. Wir sollten mit aller Entschiedenheit jedem Rückzug der öffentlichen Hand aus der Gestaltungsverantwortung im Bildungswesen entgegenwirken. Dazu gehört eine für jedermann gleich frei zugängliche öffentliche Schule mitsamt der allgemeinen Schulpflicht. Wir können nicht oft genug darauf hinweisen, daß es sich hier um eine unverzichtbare Leistung des sozialen Gemeinwesens handelt. Ebenso müssen wir bei den Universitäten und Hochschulen, aber auch bei den Fachhochschulen darauf drängen, daß es weiterhin öffentliche Träger sind, die sie errichten und erhalten.

Der Zustand an den österreichischen Universitäten ist alles andere als in Ordnung. Es besteht sicher kein Anlaß zu einem Grabgesang, aber den Zustand mit „5 Minuten vor 12" zu umschreiben, erscheint nicht übertrieben. Die Situation ist bei uns anders als in Deutschland, aber nicht wesentlich besser. Der Unterschied liegt wahrscheinlich nur in „Minutenbruchteilen". Ich will einige Punkte herausgreifen.

Zuallererst existiert ein Effizienzproblem, ein Problem der Zielgenauigkeit. Man sagt, daß Österreich nicht nur das Land mit den jüngsten Pensionisten, sondern auch das Land mit den ältesten Studenten ist. Es ist in der Tat beachtlich, daß jeder zehnte Österreicher im Alter zwischen 26 und 29 Jahren noch studiert. Im OECD-Vergleich hat Deutschland allerdings noch ältere Studenten. Im allgemeinen liegt aber das Durchschnittsalter der fertigen Akademiker in Europa bei 23 Jahren. Niemand sollte uns einreden, daß wir eine Übersättigung an Akademikern hätten. In den Niederlanden stellen sie 21% der Bevölkerung, in Dänemark 13%, in Schweden 12%, in der Schweiz 8%, in Österreich 7%. Hinter uns liegen noch Italien mit 6% und die Türkei mit 5% Akademikerrate. Längste Studiendauer, älteste Studenten und eine der geringsten Akademikerquoten stellen nicht gerade ein Ruhmesblatt auf diesem Sektor dar.

Mit einem Forschungsanteil von 1,5% am österreichischen Brutto-Inlandsprodukt lassen wir Deutschland nicht hinter, sondern weit vor uns. Österreich liegt auch weit hinter Schweden und der Schweiz, die in vielen Bereichen mit uns vergleichbar sind. Österreichs Schwäche liegt in der geringen Intensität der Wirtschaftsforschung. Weder auf dem Gebiet der Lehre noch auf dem der Wissenschaft und Forschung können unsere Universitäten als gut funktionierend betrachtet werden.

Es stellt sich daher die Frage, wie überhaupt anzusetzen ist. Vieles ist versucht worden. Jahrzehntelang ging es unter dem Titel der Reformpolitik im Bereich der Universitäten um verschiedene Themen: mehr Demokratisierung, mehr Eigenständigkeit, mehr Autonomie.

Ich glaube nicht, daß wir die Universitäten privatisieren sollten. Wir sollten aber vielleicht überlegen, sie mit betriebswirtschaftlicher Ausrichtung weg von der Kameralistik auf eine neue eigene Trägerschaft zu stellen, nicht gewinnorientiert – das kann es ja nicht geben –, aber mit mehr Leistungsorientierung und auch mit einem betriebswirtschaftlichen System. Ich habe so etwas für den medizinischen Bereich vorgeschlagen, für den ich in Wien verantwortlich bin: die drei medizinischen Fakultäten in Österreich zusammenzufassen und mit einer eigenen Trägerschaft – GmbH., Aktiengesellschaft, öffentlich-rechtliche Anstalt – herauszuheben sowie die Zusammenarbeit zwischen den Universitäten zu vertiefen. In diesem Bereich der medizinischen Fakultäten, in den ich konkreten Einblick geben kann, sehe ich überhaupt nichts an Kooperation oder an Versuchen, zu gemeinschaftlichen großen Forschungsprojekten zu gelangen, und das in einer Zeit, da jeder Wissenschaftler weiß, daß die Mittel für die großen Forschungsprojekte im internationalen Wettbewerb vertieft und gesammelt werden müssen. Wir können im internationalen Wettbewerb nur dann bestehen, wenn wir auch in der Lage sind, die Ressourcen zusammenzuführen. Unter den Bedingungen, unter denen wir hier arbeiten, sind betriebswirtschaftliche und Kooperationsmodelle dringend notwendig.

Wenn wir im Gesundheitswesen von leistungsorientierter Finanzierung sprechen, warum dann nicht auch im Hochschulbereich? Das würde freilich Selbstkritik – „Wie gut sind wir? Was leisten wir denn eigentlich?" – und Rechenschaft über das Geleistete voraussetzen. Dann ist man nicht nur darauf angewiesen, in irgendeiner Wirtschaftszeitung eine Beurteilung von außen über Effizienz und Kundeneinschätzung der Universitäten zu lesen.

Ziel wäre ein „Akademiker-Assessment". Unter Assessment versteht man, daß, bevor jemand in eine Institution aufgenommen wird, er sich kooperativ mit Experten der Institution und von außen berät und bespricht, ob das der geeignete Weg ist. Bevor man wiederum zu Aufnahmeprüfungen kommt und einen Vorselektionsmechanismus einführt, halte ich diesen Weg des Assessments, der auch der Universität ein gewisses Stück an Mitwirkung – ohne Aussperr-Funktion – gibt, für eine Verbesserung in der Zielgenauigkeit im Lehrbetrieb.

Peter Glotz hat des öfteren vom „Resonanzboden" geschrieben. Ich finde keine passendere Beschreibung für die derzeitige Rolle der Universitäten als die der fehlenden Funktion des Resonanzbodens. So wie der Resonanzboden vibriert und den Widerhall-Effekt verstärkt, müssen unsere Universitäten lernen, Resonanzboden zu sein, zu verstärken, sich in gesellschaftspolitische oder politische Fragen einzumischen. Wenn Führerschaft der Universitäten überhaupt noch einen Sinn hat, dann sicherlich gerade im Zusammenhang mit diesem Sprung in eine neue Dimension der Informationsgesellschaft. Und wir müssen uns selbstkritisch fragen, ob wir eigentlich darüber nachgedacht haben, daß unsere

Universitäten in mehrfacher Hinsicht auch Dienstleistungsunternehmen sind. Entspricht das Verhalten mancher Inhaber von Lehrkanzeln diesen Anforderungen eines Dienstleistungsunternehmens? Oder haben wir nicht doch – trotz aller Demokratisierungsbestrebungen – im Grundverständnis der Universitäten noch etwas nachzuholen? Die Antwort liegt bereits in der Fragestellung.

Bildung ist Investition in gesellschaftlichen Zusammenhalt

JAN MARINUS WIERSMA

Für Sozialdemokraten ist es manchmal schwer, ausgewogene Bildungspolitik zu formulieren. Auf Basis unserer Prinzipien – und das ist auch die Kerndebatte in Holland – streben wir verschiedene Ziele an: Emanzipation, persönliche Entwicklung, Integration und Wettbewerbsfähigkeit auf dem Arbeitsmarkt. Diese Prioritäten sind noch immer gültig und stehen nicht im Widerspruch zu den neuen Herausforderungen. Bildungspolitik ist aber nur teilweise Marktpolitik, und das sollte auch so bleiben. Bildung ist ein Mittel, Menschen zu emanzipieren und Chancengleichheit zu fördern. Das war immer der zentrale Ausgangspunkt der Sozialdemokraten. Daß es uns niemals gelungen ist, dieses Ziel völlig zu erreichen, ist und bleibt die größte Frustration manches sozialdemokratischen Bildungsministers.

In Holland wurde viel erreicht. Die meisten Menschen sind besser gebildet als vor 30 Jahren, aber es ist noch immer so, daß die unteren Schichten die besseren Bildungsmöglichkeiten schlechter nützen. Es bleibt darum notwendig, auf primärer Ebene Chancengleichheit zu fördern und der Bildung Vorrang einzuräumen. Jede Bildungspolitik soll sich darauf stützen.

Eine breite Basis für Sekundär- und Tertiärunterricht bleibt notwendig. Das liegt auch im Interesse der Integration einer multikulturellen Gesellschaft. Immer mehr droht eine Zweiteilung zwischen gut und schlecht Ausgebildeten. Minderheiten sind oft die ersten Opfer dieser Entwicklung, aber auch die unteren Schichten der autochthonen Bevölkerung. Guter Unterricht kann hier vorerst eine Form der Sozialpolitik darstellen. Sonst droht die Gefahr, daß man einen Mitbürger zeitlebens von staatlicher Unterstützung – solange es sie noch gibt – oder von schlecht bezahlter Arbeit im Dienstleistungsbereich abhängig macht, wie dies etwa in den Vereinigten Staaten geschieht. Hier ist nicht nur guter Basisunterricht wichtig, sondern auch eine Politik der zweiten Chance.

In Holland schafft der Staat Arbeitsplätze, die z.B. Langzeitarbeitslosen die Möglichkeit bieten, sich auch am Arbeitsplatz weiter oder neu zu bilden. Eine solche Politik ist eine Investition in den Zusammenhalt einer Gesellschaft, die man mit einer ausgewogenen Sozial- und Wohnpolitik kombinieren muß. Das ist auch wirtschaftlich vernünftig, wie das Beispiel Holland zeigt, wo die Arbeitslosigkeit zur Zeit sinkt.

Persönliche Entwicklung und das „Recht auf Glück" hängen sehr von der Qualität der Bildung ab. Lernen heißt nicht nur, kompetenzfähig zu werden, sondern auch, sein Leben selbständig zu bewältigen. Das klingt vielleicht ein wenig romantisch, aber selbst entscheiden zu können, wird in unserer Konsumgesellschaft immer wichtiger. Entwickelte Menschen sind flexibler und besser imstande, die großen Veränderungen in einem Menschenleben zu verarbeiten. Lernen sollte nicht auf eine bestimmte Periode im Leben beschränkt bleiben. Man muß sich ständig weiterentwickeln. Das ist auch ökonomisch vernünftig.

Wettbewerb ist ebenfalls ein wichtiges Thema in Wissenschaft und Bildung. Nur gut ausgebildete, abstrakt denkende Menschen können sicher sein, in der postmodernen Gesellschaft Arbeit und Wohlstand zu erlangen. Wir sollten uns auf eine Bildungspolitik konzentrieren, die den Mehrwert der Arbeitsplätze fördert.

Weniger Produktion, weniger einfache Dienstleistungen und mehr Arbeit im hochentwickelten Dienstleistungsbereich sind die Schlagworte, die zur Philosophie des US-amerikanischen Arbeitsministers gehören. Im Wettbewerb zwischen den hochindustrialisierten Nationen werden nur die überleben, die ihre berufstätige Bevölkerung von der Konkurrenz der Niedriglohnländer unabhängig gemacht haben. Nur eine hochentwickelte Berufsbevölkerung wird genügend Einkommen generieren, um einen Sozialstaat finanzieren zu können. Das ist eine interessante These, die z.B. auch von Tony Blair vertreten wird.

Es gibt Zweifel, ob es tatsächlich um einen globalen Wettbewerb geht und ob es die Niedriglohnländer sind, die uns zwingen, unsere Bildungspolitik neu zu orientieren. Austausch von Arbeit findet statt. Aber das wird meistens durch technologische Entwicklungen verursacht. Der tatsächliche Wettbewerb ist weniger ein Streit mit den Niedriglohnländern als einer zwischen den reichen wirtschaftlichen Blöcken und innerhalb derselben. Bildung bedeutet daher eher Anpassung an technologische Entwicklung, um den Verlust an Arbeitsplätzen aufzufangen und die neuen Technologien besser zu nützen.

In Holland sind es gerade jene Betriebe mit großen Gewinnen und ohne Niedriglohnkonkurrenz, die durch Automatisierung die meisten Arbeitsplätze verlieren. Das sind vor allem die Banken. Es wäre denkbar – und wird in Holland auch diskutiert –, bei solchen Betrieben eine Technologiesteuer einzuführen und dieses Geld für Bildung und Weiterbildung zu nützen.

Schaffung hochwertiger Arbeit, die nicht automatisierbar oder verlagerbar ist, muß in der Bildungspolitik eine zentrale Rolle spielen. Daran gibt es keinen Zweifel. Falls nur bestimmte Schichten die höheren Arbeitsstufen erreichen, widerspricht dies an sich dem Ziel persönlicher Entwicklung und der Emanzipation. Dabei besteht die Gefahr, daß die Bildungspolitik sich aus ökonomischen Gründen auf die schlechter Ausgebildeten konzentriert. Das könnte schon bestehende Lücken zwischen den Gruppen vergrößern, was auch für Sozialdemokraten ein Dilemma wäre. Gerade hochwertige Dienstleistungen sind notwendig, um den teuren Sozialstaat zu finanzieren. Aber gibt es genügend Geld, um zugleich die genannte Lücke im Bildungsbereich zu verkleinern? Ich glaube, daß man jedenfalls versuchen sollte, an mehreren Zielen der Bildungspolitik festzuhalten. Sonst wird der Markt alles dominieren.

In Holland redet man viel von der Notwendigkeit, eine Wissensgesellschaft zu entwickeln. Aber zugleich werden die Haushalte im Rahmen der Sanierung und Anpassung des Staatsbudgets eingeschränkt. So steht die Frage im Mittelpunkt, ob wir imstande sein werden, unsere Ideen über eine neue Bildungspolitik breit gefächert zu implementieren. Wie verhält sich das zu unseren anderen Prioritäten?

Wissenschaft und Technologieentwicklung spielen eine immer wichtigere Rolle in der Entstehung der Wissensgesellschaft. Aber sie sind nicht nur wichtig für die Wirtschaft, sondern auch, wenn es darum geht, die Gleichgewichte in unseren Gesellschaften beizubehalten. Wissenschaft und Technologie sind nicht neutral. Wir brauchen eine kontinuierliche Debatte über die gesellschaftliche Anwendung von Wissenschaft und Technologie. Innerhalb der sozialdemokratischen Partei Europas wird jetzt auf europäischer Ebene dieser Versuch unternommen. Unsere Wissenschaftsminister – auch der österreichische Wissenschaftsminister ist daran beteiligt – haben ein interessantes Dokument verfaßt. Sie nennen drei Ziele dieser neuen Wissenschafts- und Forschungspolitik: Wachstum, Vollbeschäftigung und Umweltschutz in einer Wissensgesellschaft für jeden. Sie weisen darauf hin, daß in diesen Bereichen Wissenschaft und Technologie fundamental sind. Deswegen sollten wir Sozialdemokraten uns für technologische Erneuerung engagieren. Das schafft Arbeitsplätze, aber das kostet auch Arbeitsplätze. Die Konsequenz des „lifelong learning", das ganze Leben lang zu lernen, muß Priorität bekommen. Passivität und Untätigkeit sind für Sozialdemokraten keine Option. Wer abwartet, wie sich etwas weiterentwickelt, kommt zu spät. Gerade Sozialdemokraten sollten sich für Innovation engagieren. Wissenschaft, so sagen die sozialdemokratischen Wissenschaftsminister, ist nur ein Teil des Wissenssystems. Deswegen muß der Staat aktiv die notwendigen Netzwerke zwischen Wissenschaft, Bildungsinstitutionen, Betrieben, Banken usw. stimulieren. Offenheit und Flexibilität in der Zuwendung sind wichtig, um eine Debatte über Normen und Werte in Wissenschaft und Forschung zu ermöglichen. Viele unserer Anhänger, und das merke ich schon bei Debatten in meiner eigenen Partei, sehen Wissenschaft als etwas Neutrales oder Technologie als eine Bedrohung. Unsere Wissenschaftsminister zeigen einen anderen Weg, und es ist wichtig und richtig, diesen zu verfolgen.

Wenn man auf europäischer Ebene über die Konsequenzen der Globalisierung der Wirtschaft diskutiert, sind Bildung und Wissenschaft Themen. Die Europäische Union verfügt jedoch über keine direkten Kompetenzen in diesem Bereich. Aber sie versucht – z.B. durch Programme wie „Leonardo" und „Sokrates" –, den wissenschaftlich-kulturellen Austausch zu fördern. Bildungspolitik ist meist noch immer nationale Politik, und manchmal scheint es, daß sie immer mehr zur nationalen Politik wird.

Selbstverständlich gibt es europäische Forschungsprogramme und Weißbücher mit vielen vernünftigen Vorschlägen, etwa im Bereich der Berufsbildung, aber in der Praxis geschieht auf europäischer Ebene wenig. Oft bleibt es bei Vorschlägen. Nationale Gesetzgebung auf der Basis von nationalen Prioritäten und nationalen Traditionen – das ist die konkrete Situation. In jedem Mitgliedsstaat der EU findet eine Wissensdebatte statt. Jedes Land versucht, die Bildungspolitik im Hinblick auf die geänderten wirtschaftlichen Verhältnisse neu zu definieren. Jeder redet von „lifelong learning“. Man vergißt dabei, daß alle Mitgliedsstaaten dasselbe Interesse daran haben, ihre Wirtschaft durch eine bessere Bildung zu stärken, um im Wettbewerb zwischen den ökonomischen Blöcken zu überleben. Wenn Bildung teilweise Wirtschaftspolitik ist und man ökonomische Zusammenarbeit auf europäischer Ebene wünscht, dann sollte gerade die Bildungspolitik mehr harmonisiert werden.

Am Ende geht es darum, unsere Art von Gesellschaft durch eine gemeinsame Politik zu schützen, die Wettbewerbsfähigkeit fördert, aber zugleich den Sozialstaat aufrechterhält. Das ist eine europäische Aufgabe, die wir auch in den Vordergrund stellen müssen.

Verkehrs- und Umweltpolitik in urbanen Ballungszentren

Citizen Network

Städte lernen voneinander

GÜNTHER HANREICH

Jeder von uns ist, insbesondere in der Stadt, mehrmals am Tag mit Verkehrsfragen konfrontiert. Es gibt wenige Bereiche der Politik, von denen der Bürger täglich so oft direkt und indirekt berührt ist.

Wenn man vom Menschen ausgeht, wie es die Zielsetzung einer sozialdemokratischen Verkehrspolitik erfordert, so beobachten wir seit Jahrzehnten ein sehr konstantes Verhalten anhand einer Reihe von Parametern. Fast jeder westeuropäische Bürger unternimmt im Durchschnitt pro Tag etwa drei Wege, drei Fahrten. Insgesamt erledigt er damit im Durchschnitt etwa 1,6 Aktivitäten. Für diese drei Wege wendet er ungefähr 55 Minuten auf. Diese Zahlen lagen 1970 in genau derselben Höhe wie in den 90er Jahren. Ein Wert jedoch hat sich dramatisch verändert, nämlich die Distanz, die wir mit diesen drei Fahrten oder innerhalb dieser 55 Minuten täglich zurücklegen. Sie lag vor 25 Jahren noch bei durchschnittlich 5 Kilometern und ist heute um 200% angestiegen; sie liegt bei knapp über 15 Kilometern. Hand in Hand damit hat sich auch die Wahl der Transportmittel, die wir benützen, deutlich verändert.

Anläßlich eines Grünbuchs wurde vor kurzem in der EU-Kommission wieder festgestellt, daß der Pkw heute bei der Bewältigung aller Wege westeuropaweit einen Anteil von bereits 75% hat. Wenn wir davon ausgehen, daß die Wege gleich geblieben sind, die Aktivitäten und der Zeitverbrauch ebenso, dann muß man feststellen: Wir sind nicht mobiler, sondern vor allem „auto"-mobiler geworden. Zweifellos hat uns das Auto auch eine Menge von Vorteilen gebracht: Unabhängigkeit, Flexibilität im Verkehr; aber auf der anderen Seite auch die Vielzahl der bekannten Probleme: Staus, Schadstoffbelastungen, Unfälle. Die Vorteile des Automobils – Flexibilität und Unabhängigkeit – können nur jene nützen, die auch tatsächlich einen Pkw fahren. Die Nachteile des Verkehrs – Schadstoffbelastungen, Umweltbelastungen, Unfälle – betreffen sehr häufig Menschen ohne Pkw. Man tendiert angesichts dieser hohen Motorisierungszahlen zur Meinung, daß praktisch schon jeder einen Pkw zur Verfügung hat. Das ist ein großer Irrtum. 40% der Haushalte in ganz EU-Europa besitzen keinen Pkw.

Eine in die Zukunft gerichtete europäische Verkehrspolitik im städtischen wie im internationalen Bereich muß sich an einem System orientieren, das nicht nur mehreren Zielen gleichzeitig folgen, sondern auch das Kunststück vollbringen muß, zum Teil miteinander in Konflikt stehende Ziele angemessen zu berücksichtigen:

- Erhaltung und vielfach auch Verbesserung unseres gegenwärtigen Mobilitätsniveaus. In London z.B. ist die durchschnittliche Geschwindigkeit jener, die sich mit dem Pkw fortbewegen, auf unter 18 km/h abgesunken; ein wohl kaum befriedigender Wert.
- Schaffung gleicher Mobilitätschancen für alle. Ich verweise noch einmal auf die 40% der Haushalte ohne Pkw, aber selbstverständlich auch auf Behinderte und ältere Menschen, auf Menschen, die mit schwereren Lasten unterwegs sind und keinen Pkw haben.
- Die Verringerung der Negativwirkungen des Verkehrs, vor allem auch der Negativwirkungen auf die passiv vom Verkehr Betroffenen, und die Bekämpfung des räumlichen und zeitlichen Um-sich-Greifens von Staus und Zusammenbrüchen des Verkehrs, um nur einige Beispiele dieser zum Teil kontradiktorischen Ziele zu nennen.

Was kann die Europäische Kommission dazu beitragen, um dieser komplexen Aufgabenstellung zu entsprechen? Ein verkehrspolitisches Programm wurde entwickelt, an dem der seit eineinhalb Jahren amtierende Verkehrskommissar Neil Kinnock mit großer Energie arbeitet. Er setzt gleichzeitig in mehreren Bereichen an:

1. Bereich Infrastruktur. Dazu gehören die schon erwähnten transeuropäischen Netze, die einen Schwerpunkt auf die Schiene setzen. Die meisten der dort enthaltenen – auch der prioritären – Projekte sind Eisenbahnprojekte. Die transeuropäischen Netze, die inzwischen auch ein Follow-up jenseits der Außengrenzen der Europäischen Union gefunden haben, und die Fortführung Richtung Osteuropa in den acht Kreta-Korridoren sind gerade für Länder wie Österreich ein wichtiges Thema: Denn Verkehr hört Gott sei Dank seit dem Fallen des Eisernen Vorhangs nicht mehr an den Außengrenzen auf.
2. Bereich Stadt, bei dem wir uns als Follow-up zu den transeuropäischen Netzen, unter Berücksichtigung des Haus-zu-Haus- oder Her-

steller-Verbraucher-Gedankens, also der gesamten Transportkette, mit der Frage des „citizen's network“ beschäftigen. Dieses Bürgernetz, ein Netz im urbanen Bereich, stellt für alle Bürger hochwertige, günstige und rasche Verkehrsleistungen zur Verfügung.

3. Bereich Stärkung bzw. Revitalisierung der Bahnen mit dem „Weißbuch zum Eisenbahnverkehr“, das die Kommission am 30. Juli 1996 beschlossen hat.
   Dieses Weißbuch setzt sich umfassend damit auseinander, wie man der Tatsache entgegenwirken kann, daß der Schienenverkehr in einer Zeit steigender Transportnachfrage nicht nur Marktanteile, sondern tatsächlich absolutes Transportvolumen verliert. Im Bereich der Verschuldung der Unternehmen muß etwas getan werden, gleichfalls im Bereich der öffentlichen Aufträge, der „public services“. Eine sehr wichtige Frage ist, wie man durch den Einsatz von Marktkräften mehr Service für Effizienzkunden erreichen kann und im Bereich der öffentlichen Dienste das Geld des Steuerzahlers besser einsetzt.
   Die Integration der nationalen Systeme in ein internationales Verkehrsnetz stellt eine der ureigensten Aufgaben der Europäischen Kommission dar. Würde man versuchen, das, was heute ausschließlich im Schienenverkehr an allen Binnengrenzen der Europäischen Union stattfindet, auf den Straßenverkehr umzulegen – daß man dann z.B. jeweils andere Zugfahrzeuge braucht, mit denen nur im nationalen Bereich gefahren werden kann –, dieser völlige Wechsel an den Binnengrenzen wäre im Straßenbereich vollkommen unvorstellbar. Im Eisenbahnbereich ist er nach wie vor üblich.
   In diesem Zusammenhang stellt sich auch die Frage der sozialen Aspekte. Die Eisenbahnen haben bereits in den vergangenen Jahren sehr deutliche Personalreduktionen durchgeführt. Vor etwa 10 Jahren gab es im Rahmen der Europäischen Union 1,5 Millionen Bedienstete. Heute sind es nur mehr 1,05 Millionen. Diese Menschen, die zum Großteil über fundiertes Verkehrswissen verfügen, müßte man im Wirtschaftsprozeß vernünftig einsetzen, unter Umständen sogar im selben Unternehmen, nur in anderen, vielleicht produktiveren, kundenorientierteren Bereichen. Außerdem müßte geprüft werden, inwieweit soziale Maßnahmen der Gemeinschaft – wie sie etwa im Bereich der Stahlindustrie vor mehr als 10 Jahren gesetzt wurden

– helfen können, Schwierigkeiten und Härten in der Umorganisation des Eisenbahnverkehrs abzufedern.

4. Die Preispolitik. Das Grünbuch „Fair Indeficient Prizing“ stellt den Grundsatz des „User Pays-Principle“ in den Vordergrund, und zwar unter Einbeziehung der heute externen Kosten, was dazu führt, daß man im Bereich der Kostenanlastung im Verkehrsbereich viel höhere Differenzierungen schaffen muß. Der Neue Wege-Kostenrichtlinienvorschlag, der ebenfalls Ende Juli 1996 von der Kommission verabschiedet wurde, ist zwar nur ein erster Schritt, aber ein Schritt in die richtige Richtung, um Umweltkosten einzubeziehen und zwischen sensiblen und weniger sensiblen Gebieten zu differenzieren oder um zwischen umweltfreundlichen und umweltbelastenden Fahrzeugen zu unterscheiden.
5. Bereich Gemeinschaftspolitik, um die Umwelt- und Sicherheitsstandards weiterzuentwickeln. Österreich hat dazu mit der Einführung des Katalysators als erstes europäisches Land schon einige Anregungen gegeben. Die österreichischen EU-Vertreter sind wichtige Garanten dafür, den Weg zu weiteren Entwicklungen im Bereich des Standards von Fahrzeugen, aber auch von Anlagen fortzusetzen.

Alle diese Politikbereiche betreffen nicht ausschließlich die Gemeinschaft, sondern in vielen Punkten die einzelnen Mitgliedsstaaten, aber auch regionale Entscheidungsträger. Gerade bei der urbanen Verkehrspolitik ist der Bürger vom Erfolg bzw. Mißerfolg der Maßnahmen täglich betroffen. So können wir nicht unmittelbar zu legislativen Maßnahmen übergehen, sondern müssen oft vernünftigerweise differenzieren, ob hier ein Betätigungsfeld für die Union, für die Mitgliedsstaaten oder für Kommunen und Regionen besteht. Eine erfolgreiche Verkehrspolitik kann nur dann stattfinden, wenn alle diese Ebenen zusammenwirken und nicht zuletzt auch voneinander lernen.

Kernpunkte der Verkehrspolitik

Kostenwahrheit und Verursacherprinzip

DAGMAR ROTH-BERENDT

In der Europäischen Union wurde jahrelang keine anständige Verkehrspolitik betrieben. Was die Kommission vorgelegt hat, ist viel mehr als in den Jahren zuvor. Trotzdem ist es für uns Sozialdemokraten nicht genug.

Der Teil „Bürgernetz" stellt, verbunden mit den „fairen und effizienten Preisen", für uns die wichtigste und beste Verknüpfung dar. Diese beiden Vorschläge der Kommission sind zu akzeptieren. Alle anderen Vorschläge müssen kritisiert werden, weil Umweltpolitik darin fast gar nicht vorkommt. Bei den „fairen und effizienten Preisen" wird etwas verwirklicht, von dem Sozialdemokraten schon immer gesprochen haben. Einer der Kernpunkte dabei ist die Kostenwahrheit. Jemandem nur vorzuschlagen, auf sein Auto zu verzichten, weil dieses der Umwelt schadet und mit Lärmemissionen sowie mit Luftverschmutzung verbunden ist, führt zu überhaupt nichts außer zu einem schlechten Gewissen. Es nützt auch nichts, die Menschen zu bitten, Busse und Bahnen zu benützen, weil das vernünftiger sei, solange keine Alternativen geboten und solange nicht Konsequenzen aus Verhaltensweisen gezogen werden.

Wir müssen umweltschädliches Verhalten definieren. Nach dem Verursacherprinzip soll, wer Schäden verursacht, auch deren Kosten tragen. Das klingt selbstverständlich, ist es aber in der Verkehrspolitik überhaupt nicht. Es gibt in der gesamten Union weder Straßenbenützungsgebühren noch Kosten, die die Belastung der Umwelt – nicht nur der Luft oder durch Lärmemissionen, sondern auch des gesamten Bruttosozialproduktes, z.B. durch Unfälle – tatsächlich darlegen. Verkehrskosten als Umwelt- oder Unfallkosten bzw. auch als Lärmemissionen schädigen das Bruttosozialprodukt, belasten es zu 25%, was pro Jahr ungefähr 250 Milliarden Ecu bzw. 500 Milliarden DM ausmacht.

Wir müssen diesbezüglich zu fairen und klaren Preisen kommen. Was wir unter „Internalisierung der Kosten" verstehen, hat bisher nirgendwo stattgefunden.

Neue Modelle müssen entwickelt werden, damit z.B. Car-Sharing attraktiv wird. Wie können wir es öffentlich fördern? Wie sieht es denn mit der elektronischen Straßennützungsgebühr aus? Was in Ballungsräumen wie Hongkong oder Singapur selbstverständlich ist, gibt es in Berlin nicht. Berlin ist seit dem Fall der Mauer eine Stadt mit 3,6 Millionen Einwohnern. Über die Aussage Günther Hanreichs, daß jeder Bürger in der Union pro Tag im Durchschnitt in 55 Minuten drei Wege erledigt, kann ich nur lächeln. Ich kann glücklich sein, in Berlin einen durchschnittlichen Weg von 15 km mit dem Auto in 55 Minuten zu schaffen. Mit öffentlichen Verkehrsmitteln dauert es ebenfalls sehr lange.

Wir müssen nicht nur die Attraktivität des öffentlichen Personen-Nahverkehrs, sondern auch die Verfügbarkeit, die Taktzeiten und die Preise verbessern. Es braucht Verbundsysteme, die verschiedene Verkehrsträger miteinander verknüpfen. Ein Verkehrsträger kann sowohl ein Auto als auch der Bus oder die Bahn sein. Alle diese Vorschläge müssen über die Preispolitik gestaltet werden. Ich bin der festen Überzeugung, daß die Änderung von Verhalten nicht über Einsicht funktioniert, sondern mit Zuckerbrot und Peitsche. Zuckerbrot wären etwa Steuersysteme, bei denen ein bestimmtes Verhalten steuerlich begünstigt wird. Warum kann man nicht Menschen begünstigen, die mit dem öffentlichen Personen-Nahverkehr fahren? Peitsche wäre die Belastung von bestimmten umweltschädlichen Verhaltensweisen.

Es existiert in der Union ein sogenanntes „Auto-Oil-Programm“. Dieses beinhaltet unterschiedliche Vorschläge, bei Kraftfahrzeugen den Kraftstoffverbrauch zu minimieren, die Kraftstoffqualität zu verbessern und die Emissionen zu verringern. Diese Vorschläge wurden von der Kommission als wunderbar bezeichnet, aber ich weiß, daß bereits viel ehrgeizigere und umweltfreundlichere vorlagen, die von der Industrie entsprechend verändert und beeinflußt wurden. Die Autohersteller könnten, wenn sie es wollten, ein 5-Liter-Auto auf den Markt bringen. Das entsprechende Know-how liegt in ihren Panzerschränken. Wir könnten auch flächendeckend eine Geschwindigkeitsbegrenzung auf Autobahnen einführen, wie sie es in Deutschland nicht gibt.

Die Internalisierung von Preisen zählt zu den wichtigsten Punkten, Preispolitik zu betreiben. Das Bürgernetz, also ein öffentlicher Personen-Nahverkehr, hängt damit nicht zusammen. Wenn Menschen vom privaten Auto in den öffentlichen Personen-Nahverkehr umsteigen sollen, dann müssen wir diesen vergleichsweise preisgünstig anbieten. Menschen, die ihr Auto stehenlassen sollen, brauchen eine Alternative. Wenn wir von den Leuten verlangen, auf die Schiene umzusteigen oder wenn Transporte auf die Schiene verlagert werden sollen – wie lösen wir das Problem, wenn wir nicht genügend Eisenbahnen, Eisenbahnstrecken und Knotenpunkte haben? Wie ist dieser Teufelskreis zu durchbrechen, wenn das Bauen neuer Eisenbahnstrecken so viel Geld kostet, daß es derzeit kein Land finanzieren will und kann? Verschiedene Systeme sollen verbunden werden: Roll-on-Roll-off-Systeme beim Schwerverkehr, eine Schwerverkehrsabgabe, Straßenbenutzungsgebühren, nicht nur, aber besonders für den Schwerverkehr, den wir auf die Schiene bringen möchten. Gleichzeitig schaffen wir es aber nicht, irgendein Joghurt in einigermaßen kurzer Zeit per Schiene zu transportieren. Das geschieht beinahe überall per LKW-Schwerverkehr.

Wenn wir uns z.B. den Verkehr in Ballungsgebieten ansehen, dann verstehe ich überhaupt nicht, warum wir nicht den Mut haben, in der Union die vielen Fördermittel, die einzelnen Strukturfonds so umzuschichten, daß ein bestimmtes Verhalten begünstigt wird. Die Kommission wäre konsequent, würde sie mit Hilfe des Bürgernetzes, der Vorschläge für den öffentlichen Personen-Nahverkehr sowie der fairen und effizienten Preise die Finanzierung der Union so strukturieren, daß nur jene Länder etwas bekommen, die sich an die Vorgaben halten. Das würde elektronische Straßenbenutzungsgebühren in Ballungsräumen nach sich ziehen, sonst erhielten die einzelnen Länder kein Geld mehr. Das würde auch bedeuten, daß nur ein bestimmter Betrag für die Straße ausgegeben werden dürfte und der Rest in den öffentlichen Personen-Nahverkehr oder in schienengebundene Fahrzeuge fließen müßte, sonst würden keine Strukturmittel mehr ausbezahlt.

Ich finde es unerträglich, daß wir in der Union zum Teil noch zweierlei Politik betreiben und sie nicht zusammenführen. Die österreichischen Sozialdemokraten spielen, was Verkehrs- und Umweltpolitik anbelangt, dabei eine wichtige Rolle und sind die treibende Kraft in der Kommission, aber auch im Europäischen Parlament geworden. Es ist nicht vermittelbar, daß auf der einen Seite ordentliche Vorschläge existieren, die zur Intelligenzverbesserung und zur beruflichen Fortbildung dienen, und daß nichts geschieht – und daß auf der anderen Seite Finanzmittel in die jeweiligen Räume und Städte fließen, mit denen irgend etwas gemacht wird, nur nicht das, was in den Grün- und Weißbüchern steht. Beispielsweise wird in Berlin – Ostberlin ist Zielgebiet 1, Westberlin Zielgebiet 2 – verhältnismäßig viel Geld in die Stadt investiert. Dort wird ein Industriegebiet entwickelt, was an sich völlig der Zielvorgabe von Zielgebiet 1 – der wirtschaftlichen Entwicklung und Arbeitsplatzbeschaffung – entspricht. Dieses neue Wirtschafts- und Industriegebiet könnte jetzt entweder mit U-Bahnen und schienengebundenen Fahrzeugen oder aber auch mit Straßen und Brücken erschlossen werden. In Berlin erschließen wir es mit Straßen und Brücken, nicht mit schienengebundenen Fahrzeugen. Es wurde bloß eine kleine Industriebahn gebaut, die mit nichts verknüpfbar ist und eine inkompatible Schienenbreite aufweist. Eine solche Maßnahme bringt überhaupt nichts.

Umweltpolitik sollte eigentlich ein Teil jedes anderen Politikfeldes sein, der Verkehrspolitik, der Wirtschaftspolitik, der Industriepolitik oder der Landwirtschaftspolitik, auch wenn in Ballungsräumen wie Wien oder Berlin nur wenige Bauern existieren. Eine vernünftige Umweltpolitik muß Beschäftigung und neue Produkte schaffen.

Beispielsweise ist die Wassergesetzgebung in der Europäischen Union sehr viel strenger als die deutsche. Aber es gibt Probleme mit der Behandlung von kommunalen Abwässern. In Deutschland können die Kommunen kaum die Kosten für die entsprechenden Reinigungsstufen aufbringen und beklagen sich dementsprechend. Wenn sie es nicht schaffen, muß versucht werden, das Wasser bereits im Vorfeld so sauber wie möglich zu bekommen. Das hat wieder Einfluß auf die Chemikalien, die für die Vorreinigung verwendet werden. Die Union arbeitet derzeit an einer neuen Gesetzgebung zum gesamten Bereich des Wassers, zum Trinkwasser und zum Grundwasser, was für Ballungsräume besonders wichtig ist. Die europäische Gesetzgebung kann sich, was Nitrate, was Rückstände im Trinkwasser anbelangt, durchaus sehen lassen. Auch die Deponie- und Verbrennungsrichtlinien für Abfall enthalten erträgliche Grenzwerte für Dioxin – bei 0,01 Nanogramm – in den Ballungsräumen. Deutschland müßte, seiner weniger strengen Richtlinien wegen, daher wegen Nichteinhaltung ständig vor dem Europäischen Gerichtshof stehen. – was aber nicht passiert.

Die Gesetzgebung für Müll, Wasser und Luft erfolgt zu 85% in der Europäischen Union, in Brüssel und Straßburg. Deshalb ist es extrem wichtig, daß europäische Politik kein Randthema bleibt – wie es oft noch in vielen Medien, aber auch in den Köpfen der Menschen der Fall ist –, sondern zu einem absolut zentralen Thema wird, gerade in der Umweltpolitik und in der Verkehrspolitik; schon aus der Erkenntnis heraus, daß kein EU-Mitgliedsland für sich alleine Verkehrspolitik machen kann.

Impulse aus Wien – notwendig für den Bund und die EU

FRITZ SVIHALEK

Wien wurde von der EU 1993 formell als verkehrspolitischer Schwerpunkt in Richtung Osteuropa anerkannt. Die Konsequenzen, die sich für die europäische Politik daraus ergeben, erfordern zukünftig eine engere Zusammenarbeit der Städte. Ich selbst habe in Paris, Köln und Stuttgart vorgeschlagen, daß – Wien bietet sich hier konkret als Informationsstelle und Drehscheibe an – die Zusammenarbeit der europäischen Städte in der Verkehrspolitik, die auch in hohem Maß Umweltpolitik ist, entsprechend verstärkt wird. Das Problem ist, daß europäische Städte dahingehend, wie Verkehrspolitik in der Stadt gemacht wird, zu wenig voneinander wissen. Es geht z.B. darum, Parkraumbewirtschaftung zu vereinheitlichen. Auch ist es notwendig, die technischen Innovationen, die es z.B. bei Leitsystemen gibt, entsprechend anzugleichen. Die Frage der Tarife in den Städten – vom Bus bis zur Garage – muß ebenfalls geklärt werden. Nicht zuletzt muß die Frage der weiteren Entwicklung des Verkehrs besprochen werden.

Als weiterer Schritt ist es wichtig, gerade für eine Stadt und ihre Region, die Zusammenhänge zwischen Umwelt und Verkehr darzustellen, weil die Belastung der Bevölkerung in den Städten hauptsächlich aus dem Straßenverkehr resultiert. Dazu gehören Luft- und Lärmproblematik, Zerstörung von Landschaften etc. Auch in Wien wird der Verkehr als Umweltbelastung Nr. 1 empfunden.

Viele europäische Städte haben Probleme mit dem Abfall und mit dem Wasser. Vor allem letzteres hat Wien gut in den Griff bekommen. Sicher könnten bei der Hochquellenwasserleitung noch Sanierungen und Verbesserungen erfolgen, aber de facto sind keine Beeinträchtigungen vorhanden. Daher kann die Umweltpolitik schon den nächsten Schritt setzen. Die Kommunen könnten mit Hilfe der Europäischen Union viel dazu beitragen. Ich kritisiere an Wien, daß der Zusammenhang zwischen Beschäftigungspolitik und dem Nutzen aus entsprechenden Förderungsmitteln der Europäischen Union verschlafen wird.

Wir müssen an die Wirtschaft appellieren, daß sie – angefangen von den Interessenvertretern bis hin zu den einzelnen Unternehmern – endlich die Ressourcen, die ihnen die Europäische Union im Umweltbereich an Förderungsmöglichkeiten bietet, auch nützt. Die Stadt ist ja in der Lage, Hilfestellung zu geben. Das mindeste wäre, ein Buch zu kaufen und nachzulesen, welche Förderungen es überhaupt gibt.

Neben den traditionellen Umweltthemen in einer Stadt besteht eine große Chance, einen Zusammenhang zwischen Beschäftigungspolitik und den entsprechenden Maßnahmen im Betrieb herzustellen. Wir unterstützen in Wien ab 1997 für fünf Jahre ein Projekt „Klimaschutz und Betriebe" mit 2 Millionen Schilling pro Jahr – also insgesamt 10 Millionen Schilling: Spezialisten werden in die Wiener Betriebe gehen und sie hinsichtlich Energie- und Klimafragen sowie dahingehend beraten, wie sie die Förderungsmöglichkeiten nutzen und innovativ sein können. Dabei soll die Frage der Beschäftigungspolitik in starker Kooperation mit den Gewerkschaften eingebunden werden.

Abgesehen von diesen neuen Impulsen – die als Vorbild für Bund und Europäische Union sehr notwendig sind, weil die Problematik grenzübergreifend ist – gilt es, bei der Verkehrspolitik neue Wege zu gehen. Wir wollen auf drei Ebenen eine Art Wiener Modell entwickeln.

1. Die erste Ebene ist sehr pragmatisch und meiner Auffassung nach auch für den Bürger die wichtigste. Sie beinhaltet das, was vor Ort geschieht – in welche Richtung eine Einbahn verlaufen soll, ob man eine Gehsteigkante vorzieht oder nicht, ob es eine 30-km-Zone geben soll und vieles mehr. Das ist nicht zu unterschätzen. Wir Wiener Sozialdemokraten wissen, daß in der Vergangenheit viel Positives geschehen, aber aufgrund von Darstellungsproblemen manch gutes Thema in eine schlechte Richtung gelaufen ist. Eine Fachkommission ist dabei, sich um die Anliegen und Beschwerden der Bürgerinnen und Bürger zu kümmern. Sie leistet offensichtlich hervorragende Arbeit, denn so wenig Emotionen wie in den letzten Monaten gab es in der Verkehrspolitik noch nie.
2. Ein unterschätztes Thema ist der Wirtschaftsverkehr. Er führt immer wieder zu unnötigen Konflikten und vor allem zu Verkehrsbehinderungen, die auch dramatische ökologische Auswirkungen zeitigen. Wir haben daher in Wien einen Beirat für Fragen des Wirtschaftsver-

kehrs gegründet, der seit einem Jahr funktioniert und in dem spezifische Probleme des Wirtschaftsverkehrs behandelt werden. Wir diskutieren seit Jahrzehnten über Güterverteilzentren – geschehen ist überhaupt nichts. Wir sollten unsere Anforderungen etwas reduzieren und sehr realistisch über Formen der Vernetzung reden. Euphorisch wird über den Informations-Highway geschrieben, und gleichzeitig sind wir nicht einmal in der Lage, die Getränkelogistik beim Handel zu organisieren. Der Einsatz von Logistik, Technologie und schon vorhandenem Know-how muß neu durchdacht werden.

3. In Wien existierte die Illusion einer sogenannten „Stadt der kurzen Wege“. Das Gegenteil ist eingetreten. Menschen, die früher in Außenbezirken Wiens wohnten und in der Innenstadt arbeiteten, leben jetzt oft am Stadtrand, z.B. in Liesing, Großenzersdorf oder Eßling, und fahren noch immer in den 1. Bezirk zur Arbeit. Ich kann jemandem, der in Eßling wohnt, nicht einreden, er könne in sieben Minuten in die Innenstadt gelangen. Man muß der Bevölkerung die Wahrheit sagen. Sicherlich müssen die öffentlichen Verkehrsmittel noch attraktiver gemacht werden. Aber wir dürfen den Menschen nicht einreden, alles könnte mit öffentlichen Verkehrsmitteln erschlossen werden. Wir haben Steuergelder zu verwalten, und es erscheint nicht besonders rationell, in jeden Winkel der Stadt einen Bus zu schicken, der sehr viel kostet und oft nicht mehr als drei Passagiere befördert. Die öffentlichen Verkehrsmittel haben absolut Vorrang. Dennoch haben wir versucht – es ist das dritte Standbein des Modells –, Alternativen zu fördern.

   Wir bieten seit 1. März 1996 eine Förderungsaktion mit öS 2.000 für E-Fahrräder an, für E-Mopeds mit öS 3.000 sowie für E-Autos mit öS 20.000 – mit sensationellem Erfolg. Wir haben über 70 Fahrräder gefördert und über 50 Mopeds, was auch für mich überraschend ist, aber – jetzt kommt mein Schwenk in Richtung EU – nur zwei Elektroautos, aus folgendem Grund: Es sind teilweise keine vorhanden. Ich wollte für mein Ressort fünf Elektroautos kaufen und bekam sie nicht. Citroen etwa hat im ganzen Jahr 1996 nur fünf Elektroautos nach Österreich geliefert. Wenn die Autoindustrie nicht mitspielt, ist ein auch nur teilweiser Einsatz von Elektroautos nicht zu realisieren. Daher ist gerade beim Elektroauto eine europäische Lösung die einzige Chance, und ich ersuche die dafür zuständigen Personen, in diese Richtung weiterzudenken. Wien ist hier gerne bereit, eine Vorreiterrolle zu übernehmen.

Auch die von uns erstmals durchgeführte Car-Sharing-Aktion war überraschend erfolgreich. Wir haben bereits über 300 neue Anmeldungen für Car-Sharing. In einer sozialpolitisch schwierig werdenden Zeit, in der sich viele Familien ein Zweitauto nicht leisten können, aber manchmal aufgrund der Wege notwendig eines bräuchten, ist die Bereitschaft, Car-Sharing temporär in Anspruch zu nehmen, durchaus vorhanden. Wir werden diese Aktion fortsetzen.

Es gibt weitere Alternativen wie das Job-Ticket oder Sammeltaxis usw. Unsere Vision für die Stadt ist es, neben der traditionellen Verkehrspolitik mit dem Vorrang für öffentliche Verkehrsmittel auch Alternativen anzubieten. Wenn es gelingt, die Menschen dazu zu bringen, am Morgen – überspitzt formuliert – nicht nur die Zahnpasta auszuwählen, sondern auch zu überlegen, welches Verkehrsmittel sie für welchen Weg benützen, und sich nicht einfach automatisch ins Auto zu setzen, dann haben wir gewonnen. Die ersten Aktionen in diese Richtung haben uns jedenfalls sehr viel Mut gemacht.

Soziale Netzwerke in den Städten

Versuch und Irrtum

Peter Klein

Wenn wir in Deutschland von „sozialen Netzen“ sprechen, denken wir in Richtung Wohlfahrtsstaat, also mehr an den Bereich Sozialfürsorge. Es gibt aber im Deutschen auch den Begriff des Gesellschaftlichen, bewußt als deutsche Vokabel verwendet. Zwischen dem Sozialen und dem Gesellschaftlichen besteht ein erheblicher Unterschied. Das Soziale enthält aus sozialdemokratischer Sicht das Positive, den Aspekt der Volksfürsorge des Wohlfahrtsstaates. Das Gesellschaftliche hingegen ist ein neutralerer Begriff. Er bedeutet nicht Hinwendung zu etwas, sondern gesellschaftliche Aktivität.

Warum erkläre ich das? Ich glaube, daß in unserer Gesellschaft Stadtpolitik insgesamt nicht nur unter dem Gesichtspunkt der Sozialfürsorge gesehen werden sollte, sondern als gesellschaftliche Begegnung, als gesellschaftliche Fähigkeit des einzelnen und von Gruppen, miteinander umgehen zu können. Natürlich wird die Sozialdemokratie besonderes Augenmerk jenen zuwenden müssen, die der sozialfürsorgerischen Hinwendung mehr bedürfen als andere, die das nicht brauchen. Trotzdem würde ich es als Paradigma in der Kommunalpolitik für günstig halten, in diesem deutschen Sprachverständnis von „gesellschaftlichen Netzwerken“ zu sprechen. Würden wir uns auf das Soziale im Sinn der deutschen Sprache – nämlich „soziale Netzwerke“ – beschränken, bestünde die Gefahr, wiederum vorauszusetzen, nur die professionellen Kräfte der Stadtverwaltung sollten sich um die kümmern, die auf der Schattenseite des städtischen Lebens stehen.

Aufgrund der ökonomischen Entwicklung in Europa sind nicht nur die öffentlichen Kassen in die Krise gekommen, sondern auch die öffentlichen Köpfe. In Deutschland, das sicher zu den reichsten Ländern der Welt gehört, müssen wir feststellen, daß besonders die öffentlichen Haushalte in einer ausgesprochen schlimmen Krise stecken, die sicher etwas mit dem Sonderphänomen der Wiedervereinigung Deutschlands zu tun hat. Aber die Probleme kommen nicht nur von dort. Auf der anderen Seite hat sich im privaten Sektor ein unglaublicher Reichtum entwickelt, wobei man hinzufügen muß, daß sich gerade in der Privatwirtschaft eine Schere auftut zwischen denen, die haben, und denen, die nichts haben. Wobei die Zahlen derjenigen, die wenig haben, zunehmen. Wer seine Arbeit verliert, hat nichts mehr. Wer Arbeit hat, den zähle ich zu den Habenden.

Die Folge dieses Phänomens ist, daß die diejenigen, die der Fürsorge des Wohlfahrtsstaates bedürften, die Zuwendung gar nicht mehr ausreichend bekommen können, weil die öffentlichen Kassen das nicht mehr hergeben, was sie früher in der Wachstumsphase hergeben konnten. Die grundsätzliche Krise besteht nicht deswegen, weil die Gesellschaft arm geworden ist, sondern es geht um die Frage der Verteilung. Dabei hat sich die Sozialdemokratie Deutschlands – ich befürchte: auch die österreichische – selbst gefangen. Um Wahlkämpfe gewinnen zu können, hat sie sich nämlich selbst verordnet, daß Abgaben und Steuern in Deutschland die Höchstgrenze erreicht haben. Das bedeutet, daß es jedenfalls in der Gesamtwirkung keinerlei Erhöhungen mehr geben darf. Das kann in den einzelnen Säulen des Steuer- und Abgabensystems sicherlich hin und her gespielt werden, aber das Totalaufkommen muß aufkommensneutral bleiben. Selbst wenn man dieser aus strategischen Gründen des Wahlkampfes plausiblen Theorie zustimmt – und das tun wir zur Zeit jedenfalls –, finde ich doch, daß diejenigen, die ein gutes Einkommen haben, mehr Steuerleistung erbringen müßten.

Aber nehmen wir den Istzustand als Tatsache erst einmal hin. Daraus ergibt sich zwingend und automatisch, daß für diejenigen, die der besonderen Zuwendung bedürfen, nicht genügend Spielräume vorhanden sind. Es bleibt nichts anderes übrig, als sich zu beklagen. Ich befürchte aber, daß uns dieses Klagen nicht weiterhelfen wird. Wir sind vielmehr herausgefordert, uns zu vergegenwärtigen, daß wir in reichen Gesellschaften leben, jedenfalls im historischen und im internationalen Vergleich gesehen. Wir werden wohl akzeptieren müssen, daß es nicht mehr so weiter aufwärts geht wie in den letzten 30, 40, 50 Jahren. Was tritt an diese Stelle? Ich glaube, daß ein paar Ideen, die aus der amerikanischen Bewegung des Kommunitarismus und der Sozialwissenschaften stammen, zwar nicht in ihrem Purismus Geltung haben dürfen, aber an ihnen könnte wenigstens Orientierung gesucht werden. Wir müssen die Anonymität zwischen den einzelnen Menschen und den Gruppen, die gleichzeitig ein Kennzeichen unserer gesellschaftlichen Entwicklung ist, dadurch aufbrechen, daß wir aktive Menschen werden, die sich für den oder die anderen interessieren und engagieren. Ich verstehe das als säkularisierten Ansatz, nicht etwa, um das Himmelreich zu erobern, sondern um das Diesseits zu organisieren. Denn „haben" bedeutet nicht nur den Besitz von Einkommen oder Vermögen, sondern – aufgrund der Entwicklung der letzten 40 Jahre und des Engagements der politisch Tätigen, dank der Gewerkschaftsbewegung – Bildung und Kenntnisse und viel mehr Freizeit zu haben als früher.

Wir stehen einer mehr oder weniger konzentrierten Form individualistischer bzw., wenn man so will, konsumptiver Haltung zur eigenen Bedürfnisbefriedigung gegenüber, einer Haltung, der ein größeres Auto, eine schönere Reise, eine bessere Wohnungseinrichtung etc. wichtig sind. Diese Attitüde des sogenannten „neuen Egoismus" ist nicht erfunden, sondern soziale Wirklichkeit, die es zu durchbrechen gilt.

Es gibt sozialwissenschaftliche Überlegungen, wie man so etwas in Gang setzen kann, beispielsweise ein Modell, daß Profis Menschen dazu bringen sollen, einander begegnen zu lernen. Ich stehe skeptisch dazu, obwohl ich es nicht ablehne. Ich warne dann bloß immer, sehr genau darauf zu achten, daß unsere Gesellschaft nicht von Sozialpädagogen überschwemmt wird, die einem sagen, wo und worin das Heil liegt. Erstens kann das wieder keiner bezahlen, und zweitens ist zweifelhaft, ob von dort tatsächlich Heil zu erwarten ist. Es sollten aber politische Bewegungen das, was ich abstrakt zu beschreiben versuche, in die Tat umsetzen. Dafür kann man kein fertiges Rezept vorschlagen; das geht nur im Sinn von Versuch und Irrtum. Man muß immer wieder probieren, verwerfen, neu erfinden, neu beginnen.

Nehmen wir z.B. die alten Arbeiterviertel Wiens, die objektiv städtebauliche Voraussetzungen dafür aufweisen, daß die Menschen wieder leichter miteinander in Kontakt treten können. Diese Entwicklung im Städtebau, die in den 20er Jahren begonnen hat, ist ausgesprochen auf den Menschen, auf die soziale Beziehung einzelner Gruppen hin orientiert; das ging in den Betonwüsten späterer Jahrzehnte völlig verloren. Vielleicht sind das Orte, wo man so etwas wie Nachbarschaft, soziale Dichte und Nähe entwickeln kann, wo Menschen, die dort leben – vielleicht angeregt durch städtische Initiativen –, nicht nur ins Gespräch kommen, sondern über das Gespräch hinaus Hilfsbereitschaft erkennen lassen. Der Begriff der Solidarität, der vor allem in diesem Jahrhundert geprägt wurde, war immer ein Begriff innerhalb einer Klasse. Er bezog sich nie darauf, daß Solidarität zwischen Klassen stattgefunden hätte. Wenn es einen Ausgleich zwischen den Klassen der Besitzenden und jenen der nicht Besitzenden gab, dann waren dies staatliche Akte und nicht freiwillige Leistungen des Reichen gegenüber dem Armen. Dennoch gibt es besonders im angelsächsischen Raum eine Tendenz, die für unsere Forderungen an den Wohlfahrtsstaat ein bißchen fremd und ungewohnt ist: Aus christlichen und aufklärerischen Ansätzen heraus hat sich eine freiwillige soziale Bereitschaft entwickelt, die darin besteht, dem anderen sozusagen zum eigenen Nutzen zu helfen. Wenn ich dem anderen helfe und etwas mit ihm gemeinsam organisiere, ist er möglicherweise weniger belastend für mich selbst. Ich meine das nicht zynisch. Im Gegenteil: Es ist sehr klug, dem Egoismus etwas entgegenzusetzen, wenn es gleichzeitig denjenigen nützt, die etwas erbringen sollen. Darin steckt eine Menge gesellschaftliches Potential.

Rudi Dutschke, Studentenführer in Deutschland und Revolutionär, formulierte einen für die damalige Linke ungewöhnlichen neuen Gedanken, indem er davon sprach, daß sich die Menschen selbst engagieren müßten. Erst aus ihrem eigenen Engagement heraus entstehe die Chance einer Befreiung des Menschen von allen möglichen Herrschaftszusammenhängen. Ich glaube, daß dieser Satz nicht nur heute noch Gültigkeit hat, sondern eine völlig neue Bedeutung bekommt. Wir müssen unsere eigenen – vergleichsweise wohlbestallten – Lebensumstände akzeptieren. Aus den guten Verhältnissen wird meiner Meinung nach unter dem Gesichtspunkt der Menschlichkeit nach sozialistischen Wertvorstellungen zu wenig gemacht, weil wir uns selbst als Nachzügler in der Geschichte möglicherweise sehr darauf konzentrieren, unserem eigenen Genuß zu folgen und ihn zu erfüllen. Wenn wir uns alle nicht nur in Resolutionen und bei Wahlkämpfen oder bei der täglichen Erfüllung der Bedürfnisse einzelner engagierten, sondern als gesellschaftliche Bewegung andere unterstützten, wären wir schon einen Schritt weiter.

Ich befürchte, daß in Deutschland aufgrund der unglaublichen Schuldenberge die fiskalischen Zwänge auf Dauer so groß sein werden, daß es für die klassische Sozialpolitik im Sinn des Mehr-zur-Verfügung-Stellens als bisher keinen Spielraum mehr geben wird. Nun können wir als Reaktion darauf in Agonie, in Resignation fallen. Das ist der falsche Weg unter dem Gesichtspunkt, daß wir unter historisch und international verglichen besten Bedingungen leben. Aus denen ist Besseres zu machen als bisher. Dazu kann ich nur auffordern, und in diesem Sinn sollte der Begriff der gesellschaftlichen Netzwerke dann an vielen Orten und in vielen Zusammenhängen praktisch ausprobiert, angeregt und organisiert werden. Auf sozialdemokratische Parteien kommen da erhebliche Aufgaben zu, jedenfalls dann, wenn Politik nicht nur als Mittel zur Machtergreifung verstanden wird, sondern als Verpflichtung, Macht für etwas einzusetzen, das den Menschen nützt.

Jugendliche können ihre Kultur nicht unterirdisch ausleben

GRETE LASKA

Als Sozialpolitikerin muß ich zur Kenntnis nehmen, daß meine Abhängigkeit von den anderen Ressorts groß ist. Beschließt z.B. der Wohnbaustadtrat, im Jahr Förderungsmittel für 10.000 Wohnungen zu vergeben, dann kann er das tun, wenn er mit seinem Budget zurechtkommt. Würde er dabei aber nicht berücksichtigen, daß 10.000 Wohnungen im selben Ausmaß sowohl technische als auch vor allem soziale Infrastruktur erfordern, hätten zukünftige Bewohner extreme Probleme. Wir sollen nicht so tun, als hätten wir solche Probleme in unserer Stadt nie gehabt. Es gab Zeiten, in denen wir zwar neue Wohnungen bauten, aber mit den Schulen nicht zurechtkamen und keine Kindertagesheime eingerichtet hatten. Es wurde auch nicht darauf Rücksicht genommen, daß besonders in neuen Wohngebieten am Stadtrand, wo Menschen aus allen Teilen Wiens ihr neues Zuhause finden, das soziale Gefüge neu zu entstehen hat. Soziale Einrichtungen dienen dazu, genau jener Sprachlosigkeit entgegenzuwirken, die wir als gesellschaftliches Phänomen bekämpfen. Es ist daher auch notwendig, nicht nur Schulen, Kindergärten und Einrichtungen des Gesundheitswesens in neue Wohnanlagen mit einzuplanen, sondern es geht auch darum, kommunikative Elemente einzusetzen. Im sportlichen Bereich brauchen Menschen Bewegungsmöglichkeiten, Kinder und Jugendliche benötigen Platz. Sie können ihre tatsächliche Kultur nicht irgendwo unterirdisch ausleben.

Ein besonders wichtiger Punkt ist, daß Erwachsene und Kinder im gleichen Ausmaß einen immerwährenden Bildungsanspruch haben. Es gehört zu den Grundübeln auch unserer politischen Bewegung – und ich mache in einem hohen Ausmaß unsere eigene politische Vergangenheit der letzten 20 Jahre dafür verantwortlich –, daß wir uns zur Zeit in einer Gesellschaft befinden, die Egoismen, Sprachlosigkeit und ein Nebeneinander statt einem Miteinander aufweist. Schließlich waren es die Sozialdemokraten, die Bildung, Weiterbildung und Bewußtseinsbildung immer auf ihre Fahnen geheftet hatten. Diese Werte sind uns leider in den letzten Jahren vehement abhanden gekommen.

Jetzt bemerken wir eine Trendwende. Die Wiener Bildung hat in den letzten Jahren bewiesen, welch mühsame Kleinarbeit es ist, auf dem Vorhandenen wieder aufzubauen. Gerade die Ergebnisse der Wiener Sommerakademie zeigen, daß es nicht umsonst ist, solche Wege zu gehen.

Ich bin sehr stolz darauf, daß wir in Wien in einem Team arbeiten, in dem der zuständige Stadtrat für Finanzen und vor allem der Bürgermeister selbst auf dem Standpunkt stehen, daß diese Stadt als ein Gesamtes nur funktionieren kann, wenn alle Aspekte berücksichtigt werden. Dazu zählen eine gute Wirtschaftspolitik, eine ausgewogene Sozial- und Umweltpolitik sowie eine umsichtige Verkehrspolitik. Letztendlich sollte die gesamte Politik in dieser Stadt die Standards, die wir in Wien kennen, auch in Zukunft sicherstellen. Wir müssen uns daher überlegen, wie es uns gelingen kann, diese Standards nicht nur zu halten, sondern vor allem dahingehend zu überprüfen, ob sie noch zeitgemäß sind oder ob Veränderungen vorgenommen werden müssen.

Einer der wichtigsten Grundsätze dabei ist, die Effizienz des Mitteleinsatzes zu überprüfen.

1. Wir müssen uns überlegen, wie gesellschaftspolitische Veränderungen herbeigeführt werden können. Das ist der mühsamste Prozeß, denn er ist nicht verordenbar und nicht durch Gesetze zu regeln. Nichtsdestotrotz bin ich überzeugt davon, daß es die wichtigste Aufgabe der Sozialdemokratie ist, an einem Gesellschaftsbild zu arbeiten, das unseren Grundsätzen entspricht.
2. Wir müssen kurzfristig überprüfen, wer tatsächlich öffentliche Mittel für Sozialtransferleistungen bekommen soll. Gezielt Transferleistungen sozial gestaffelt einzusetzen, dies sollte die Devise sein. Das Gießkannenprinzip hätte auch in der Zeit, in der wir es uns vielleicht tatsächlich leisten konnten, keinen Sinn gehabt. Es wird schwierig sein, Erreichtes zurückzunehmen oder anders zu verteilen, damit nicht jene soziale Schere, die tatsächlich sehr weit offen ist, noch weiter aufgeht.

   Bei der Überlegung, wie Mittel effizient eingesetzt werden können, werden wir zu überprüfen haben, wohin diese Mittel fließen, in wel-

chem Ausmaß wir mit welchen Anbietern Verträge abzuschließen haben, um das soziale System neu aufzubereiten.
Wir verfügen in Wien über ein sehr breit gefächertes System an Kinderbetreuungseinrichtungen. Ich bin nicht der Meinung, daß die Gemeinde als Anbieter das alleinige Monopol an Kinderbetreuung für sich in Anspruch nehmen sollte. Ganz im Gegenteil: Das System, das von den Tagesmüttern über die gemeindeeigenen Einrichtungen, Einrichtungen gemeinnütziger Organisationen bis hin zu den privaten Einrichtungen reicht, stellt eine Vielfalt dar, die den gesellschaftlichen Gegebenheiten am besten entspricht. Sozialdemokratische Modelle müssen sicherstellen, daß freie Wahlmöglichkeit gegeben ist und daß mit dieser Vielfalt nicht eine gesellschaftliche Trennung verursacht wird. Eine gesellschaftliche Trennung würde bedeuten, daß nur jene, die es sich leisten können, in einen Privatkindergarten gehen können, und jene, die aufgrund ihres Einkommens benachteiligt sind, sozial gestützte gemeindeeigene Einrichtungen in Anspruch nehmen müssen. Allerdings ist der Mitteleinsatz, der diese Betreuungseinrichtungen finanziert, ein unterschiedlicher. Es heißt, daß ein Kindergartenplatz der Gemeinde Wien durchschnittlich öS 8.000 pro Monat kostet. Im Gegensatz dazu koste der Gemeinde ein Kindergartenplatz in einer privaten Einrichtung etwa ein Zehntel davon.
Ich ziehe das Beispiel der freien Kindergruppen heran, weil es besonders viel deutlich macht. Sie haben von uns immer zumindest die Verdoppelung unserer Zuschüsse verlangt, weil es im Grunde genommen billiger wäre, auf dieses angeblich kostengünstigere System umzusteigen. Ein Teil der Finanzierung dieser Kindergruppen kommt allerdings vom Bund, vom Arbeitsmarktservice, das bisher einen hohen Beitrag für die Personalkosten dieser Kindergruppen geleistet hat. Aber der Bund hat diese Subventionsschiene verändert, und erstmals taucht plötzlich für die Gemeinde Wien eine offene Kostenrechnung auf, die darstellt, daß im Vergleich zu den öS 8.000 je Gemeindekindergartenplatz ein Kinderbetreuungsplatz in einer Kindergruppe nur öS 5.500 kosten würde. Von uns wird jetzt gefordert, die Personalkosten zu übernehmen. Im Gemeindebetrag sind alle Personalkosten, vor allem auch alle Pensionskosten enthalten, die in den anderen Einrichtungen zwar auch von der öffentlichen Hand, näm-

lich über die Pensionsversicherungsanstalt, mit all den Zuschüssen aus dem Budget gedeckt werden, aber nie zur Berechnung gelangen. Bleibt man beim direkten Vergleich, dann stellen diese öS 5.500 gar nicht den tatsächlichen Betrag dar. Man müßte noch die Eigenleistung der Eltern dazurechnen, die sie beim Putzen, beim Kochen und bei der Kinderbetreuung einbringen. Außerdem ist das Personal nicht so qualifiziert, weil teilweise Studenten, Zivildiener etc. eingesetzt werden. Listet man alle tatsächlichen Kosten auf, dann ist es erwiesenermaßen so, daß die Kinderbetreuung der Gemeinde Wien nicht mehr und nicht weniger kostet als die von privaten und von gemeinnützigen Trägern oder auch von Kindergruppen. Daher halte ich es nicht für sinnvoll, alles mit dem Argument zu privatisieren, es würde dadurch billiger werden. Würden wir den Eltern einen Betreuungsscheck von öS 6.000 geben, damit sie sich frei entscheiden können, wohin sie ihr Kind schicken, muß ich mich fragen, wer dann mit den öS 6.000 die Einrichtungen baut und einrichtet sowie das Personal ausbildet und anstellt.

3. Wir haben in Wien immer noch ein Nebeneinander verschiedener Einrichtungen. Das sollte geändert werden. Schulen, Kindertagesheime, Volksbildungseinrichtungen, Jugendzentren, Häuser der Begegnung, Sporteinrichtungen und viele andere mehr existieren in einem logischen oder auch unlogischen Nebeneinander. Wir sollten uns daher ein verstärktes Miteinander überlegen, indem man z.B. Schulen verstärkt als Kommunikationszentren öffnet und nützt. Dadurch können wir erreichen, daß in diesem Miteinander auch Gedanken wie Solidarität, Partnerschaft und Füreinander-Dasein wieder einen Wert erlangen.

Zum Schluß will ich all jenen eine klare Absage erteilen, für die die Zukunft des Sozialstaates und unserer sozialen Netze darin liegt, daß man den Frauen ihre angebliche familiäre Verantwortung bewußt macht und sie zurück zu Heim und Herd, Kindern und Altenpflege schickt. Damit können in einer Stadt wie Wien Probleme nicht gelöst werden.

Schön leben können

Barry Sheerman

Es ist wenig Angenehmes, was ich über die Region Yorkshire berichten kann. Das bedeutet aber nicht, daß ich ein vollkommen düsteres Bild dieser Region malen möchte; ich fühle mich jedoch einer ehrlichen Analyse verpflichtet.

Zu Beginn stelle ich eine zentrale These auf: Wenn wir die Städte und ihr gesamtes soziales Netz nur den Marktkräften überlassen, dann werden wir zum Scheitern verurteilt sein.

Was sind die Ursachen für die Zerstörung einer zivilisierten Stadt und ihres sozialen Netzes? Neulich habe ich ein UNESCO-Dokument gelesen, das sehr viel über Solidarität, Demokratie und Rassismus aussagte, es war darin aber nicht davon die Rede, daß wir unsere Stadt zerstören werden, wenn wir nicht imstande sind, unseren Bürgern Arbeit zu geben. Wir wissen alle, daß wir nur gut leben können, wenn es in den Städten genügend Arbeit gibt. Die Städte stehen miteinander in einem globalen Wettbewerb. Ich habe unlängst mit den drei größten Auto- bzw. Motorenherstellern gesprochen, deren Vertreter mir klipp und klar gesagt haben, daß sie in Deutschland nicht investieren, denn dort betragen die sozialen Kosten 56%, auch nicht in Frankreich mit 52%. Vielleicht sollten sie nach Großbritannien gehen, denn dort betragen die sozialen Kosten nur 26%, oder in die USA, wo es nur 22% sind. Täuschen wir uns nicht: Wir stehen auf dem Gebiet der Arbeitsvergabe in einem sehr harten Konkurrenzkampf, und Arbeitgeber wie VW, Ford, Unilever und Shell denken hier alle in gleicher Weise.

Kurz zur britischen Erfahrung mit dem sozialen Netz: Das Regime von Margret Thatcher hat zweierlei Auswirkungen gezeigt. Die Arbeitslosigkeit hat die Gemeinden und die Gemeinschaft zerstört. Interessanterweise war es so: In dem Maß, in dem die Zentralregierung den Gemeinden Verantwortung entzogen hat, sind die Gemeinden fast wie Phönixe aus der Asche gestiegen, haben Entschlossenheit und eine gewisse Phantasie an den Tag gelegt und verlauten lassen, daß sie jetzt zurückschlagen werden. Das ist auch teilweise gelungen. Heute gehören alle

Städte, alle Stadtverwaltungen der großen und wichtigen Städte zur Labour Party; sie sind sozialistisch. Es gibt insgesamt nur mehr drei konservative Stadtregierungen. Uns ist es gelungen, Phantasie und innovativen Geist zu zeigen, uns zu wehren und diese Netze auf eine neue, andere Art wiederzubeleben. Wir haben zwar Ressourcen verloren, aber gleichzeitig mit Programmen zurückgeschlagen, an die wir vorher, als uns das Geld noch nicht entzogen wurde, vielleicht gar nicht gedacht hätten.

Falls 1997 eine Labour-Regierung an die Schalthebel kommt, werden wir schon sehr viel gelernt haben und den innovativen Geist nützen können. Man wird wissen, wie man Städte neu und besser gestalten kann. Diese Entschlossenheit, die wir an den Tag gelegt haben, resultiert ganz sicher aus der großen Arbeitslosigkeit. Labour wollte den Menschen helfen und hat sich deshalb engagiert. Natürlich haben sich in der ersten großen Rezession zwischen 1980 und 1982 entscheidende Veränderungen vollzogen. Die Produktionsindustrie ist entscheidend zurückgegangen. Hätte mein Vorgänger damals politisch Interessierte auf einen Aussichtspunkt mitgenommen, dann hätte er ihnen von unserer Stadt die chemische Industrie, den Maschinenbau, die Textilindustrie gezeigt, alles Arbeitsplätze, von denen die Menschen lebten. Wiederholte ich diese Situation heute, müßte ich vorführen, daß sich unsere Welt total verändert hat. Ich würde den politischen Touristen die Stadt zeigen und darauf hinweisen, daß der Arbeitgeber Nr. 1 die Stadtverwaltung ist, der Arbeitgeber Nr. 2 die Universität und der Arbeitgeber Nr. 3 der Gesundheitsdienst, die Spitäler etc. Das ist die neue, veränderte Situation, die wir einfach zur Kenntnis nehmen müssen.

Armut und Arbeitslosigkeit zerstören eine Stadt. Was noch? Autos, Supermärkte, die nicht im Zentrum, sondern an der Peripherie angesiedelt sind, schlechte Wohngebiete irgendwo isoliert am Stadtrand. Auch die Abhängigkeit von der Fürsorge zerstört eine Stadt. Armut und Arbeitslosigkeit führen dazu, daß Menschen ihrer Hoffnungen beraubt werden, eine minimale Fürsorge bekommen und ein zu geringes Arbeitslosengeld, mit dem sie nicht würdig leben können. Wenn die Menschen nicht mehr würdig leben können, steigen auch Armut und Verbrechen an. Als John Major noch nicht lange im Amt war, ordnete er an, für die 16- bis 18jährigen kein Arbeitslosengeld mehr auszubezahlen. Das

Resultat war, daß die Kriminalität von Jugendlichen rasant anstieg. Es entstand eine Kluft, und die 16- bis 18jährigen fielen durch den Rost.

Die Anzahl der Autodiebstähle und Einbrüche nahm dramatisch zu und das Fürsorgegeld für diese Menschen gleichzeitig ab. Die sozialen Netze wurden durch die Arbeitslosigkeit eindeutig zerstört. In letzter Zeit gab es keine Anstrengungen mehr, diesen Menschen Arbeit zu geben oder ihnen auch nur eine Fürsorge zukommen zu lassen. Wir Sozialdemokraten und Sozialisten müssen den Menschen wieder auf die Beine helfen, damit sie sich selbst weiterhelfen können. Dieses Selbstbewußtsein, sich wieder als Teil der Gesellschaft zu fühlen, bekommen sie natürlich nur, wenn sie Arbeit haben.

In Großbritannien herrscht eine schlimme Situation. Ein gewisser Teil der Bevölkerung hat bereits keine Hoffnung mehr; eine Art Subkultur hat sich entwickelt. Diese Menschen glauben, nie wieder Arbeit zu finden, nie wieder vernünftig und schön leben zu können. Das führt zu den erwähnten Auswüchsen.

Tony Blair, der Führer der Labour Party, will eine neue Verantwortung für die Städte, aber auch eine neue Verantwortung auf nationaler Ebene. Sie soll darin bestehen, daß man alle Menschen Anteil an der Gesellschaft nehmen läßt. Sie sollen in den demokratischen Prozeß positiv involviert werden. Das wichtigste ist daher, daß sich jeder Bürger für seinen Bereich verantwortlich fühlt und weiß, daß für ihn etwas auf dem Spiel steht. Man braucht nur die Industrie zu betrachten. Wenn Betriebe ihre Leute auf intelligente Weise behandeln, arbeiten sie besser. Der Betrieb wird konkurrenzfähiger sein und die Situation insgesamt sich verbessern. Auch sollten die Unternehmer nicht immer nur an die Aktionäre denken, sondern ebenso an ihre Belegschaft, an die Konsumenten, an die Gemeinde und an die Umwelt. Denn alle diese Faktoren sind wichtig, um ein Unternehmen erfolgreich zu machen.

Das gleiche gilt auch für die Stadt. Herbert Marcuse schrieb in den 60er Jahren sein berühmtes Buch über den „eindimensionalen Menschen". Er sagte damals: „Es ist nicht ein Diktator, der die Gefahr für unsere Welt darstellt, sondern die passive Gesellschaft. Eine Gesellschaft, die nur mehr konsumiert, die nur mehr an ihrem körperlichen Wohlergehen interessiert ist." Ich glaube, das gilt auch heute noch. Wir sollten uns wieder auf diesen Gedanken Marcuses besinnen. Wir brauchen heutzutage mehrdimensionale Personen, die nicht nur an sich denken, sondern auch an ihre Nachbarn, an die Gemeinde, die sich für alle Dinge interessieren, die um sie herum geschehen.

Geld bewegt sich viel einfacher zwischen den Ländern als Menschen

LIISA TOMMILA

Wir leben in einer Zeit, die in der Geschichtsschreibung als Umbruchphase gelten wird. Global betrachtet, geschehen in unserem gemeinsamen Europa viele positive und negative Veränderungen. Die Werte, die Ideologien und vor allem die Wege zur Problemlösung verändern sich, was man an den Denkweisen unserer Umgebung feststellen kann.

Wir verlassen uns wieder auf Futurologen und Philosophen, weil es uns Politikern unmöglich geworden ist, die Zukunft vorherzusehen. Die Herausforderungen einer veränderten Welt setzen neue Strategien voraus. Mit Hilfe von Netzstrukturen versucht man, Wissen und Können zu vermehren, um Maßnahmen besser organisieren zu können.

Freiheit, Gleichheit und Brüderlichkeit sind ständige Werte für uns; wie sie jedoch in verschiedenen Zeiten interpretiert und verwirklicht werden, ist eine andere Frage. Wie stehen wir selbst dazu, und wie war es z.B. vor 30 Jahren? Die weltweite Solidarität, die für uns Sozialdemokraten sehr wichtig ist, hat auch einen starken Nutzaspekt bekommen. Wer hätte geglaubt, daß man im zivilisierten Europa noch einen brutalen Krieg führen kann, in dem die Menschenrechte verletzt werden, wenn man zur selben Zeit anderswo in Europa wirtschaftliche, politische und kulturelle Zusammenarbeit realisiert?

Die europäischen Gesellschaften haben viele gemeinsame Probleme, obwohl auch deutliche Unterschiede zwischen den Ländern festzustellen sind. Diese Probleme warten auf eine möglichst rasche Lösung, für die wir als entscheidungsfähige Mitglieder der Gesellschaft die Verantwortung tragen, unabhängig davon, in welchem Aufgabenbereich wir tätig sind. Die Zahl der Minderheiten ist gestiegen, manchmal sogar so stark, daß aus einer Minderheit eine Mehrheit geworden ist. Dazu gehören Flüchtlinge und Einwanderer ebenso wie sprachliche und religiöse Minderheiten, Arbeitslose, Kranke, Arme, Alte und Jugendliche. Die schwierige Wirtschaftslage macht die Probleme noch größer. So ist durch die Arbeitslosigkeit ein neues Klassensystem in der Gesellschaft entstanden.

Finnland leidet besonders unter der Arbeitslosigkeit. Sie beträgt heute etwa 18% und ist wahrscheinlich eine der höchsten in Europa. Es gibt dafür verschiedene Ursachen, unter anderem die Veränderungen in der ehemaligen Sowjetunion und deren Auswirkungen auf den finnischen Handel. Ich komme aus Espoo, der zweitgrößten Stadt Finnlands, einer Nachbarstadt von Helsinki. Bei uns beträgt die Arbeitslosigkeit etwa 12%. Viele neue internationale Firmen, die sich auf den Export konzentrieren, siedeln sich in Espoo an. Der Beschäftigungseffekt dieser Firmen ist nicht besonders groß, und die Gewinne haben keine Auswirkungen auf Espoo oder auf Finnland insgesamt. Die Finanzpolitik und das Geld kennen weder Grenzen noch politische Beschlüsse; das Geld bewegt sich viel einfacher zwischen den Ländern als die Menschen.

Im Sog der Arbeitslosigkeit entstand auch eine neue Welle der Urbanisierung. Die Menschen übersiedeln in der Hoffnung auf Arbeit und besseren Lebensunterhalt in die großen Städte. Gleichzeitig steigt auch die Zahl der Einwanderer. Diese stellen die Städte vor neue Anforderungen, um den Lebensstandard der Bewohner halten zu können. Die Situation ist auch deshalb schwierig, weil sich die Finnen an einen sehr hohen Lebensstandard und an kostenlose Gesundheitsfürsorge sowie an soziale und kulturelle Leistungen gewöhnt haben. Die Zeit nach dem Zweiten Weltkrieg, in der ich aufgewachsen bin, war von Wirtschaftswachstum und positiver Entwicklung gekennzeichnet. Der Abbau der Dienstleistungen hängt auch von der persönlichen Einstellung ab, und es ist sehr schwer, bereits erreichte Vorteile aufzugeben. Wir stehen vor dem Phänomen eines neuen Egoismus.

Unsere Bürger genießen seit langem ein grundlegendes Ausmaß an Sicherheit. Diese Sicherheit ist der größte Erfolg der finnischen Sozialdemokraten. Deswegen suchen wir heftig nach neuen Lösungswegen, um auch in Zukunft Gleichheit und Sicherheit aufrechterhalten zu können.

Gleichheit und Sicherheit der Bürger wurden durch die von der Gesellschaft geschaffenen sozialen Netze garantiert. Diese Sicherheitsnetze sorgen dafür, daß der Bürger eine schwierige Situation bewältigen kann, wenn ein unerwartetes Problem wie Krankheit oder Arbeitslosigkeit auftaucht. Heute sind diese Sicherheitsnetze für die Stadt und den Staat zu teuer geworden. Man hat z.B. die Zuschüsse für Familien mit kleinen Kindern sowie für Studenten sehr stark kürzen müssen. Verglichen mit früheren Zeiten ist die Lebenssituation für viele Finnen schwerer geworden.

Dennoch haben die Finnen nicht den Kopf in den Sand gesteckt, sondern bedienen sich einer alten Methode, die sich schon nach dem Krieg bewährt hat, nämlich Gemeinschaftsarbeit. Da Stadt oder Gesellschaft nicht mehr alle für die Bürger notwendigen Leistungen erfüllen können, haben die Einwohner ihre eigenen Ressourcen der Allgemeinheit zur Verfügung gestellt. So sind neue soziale Netze entstanden, die nicht auf den Schultern der Allgemeinheit lasten, sondern auf der Zusammenarbeit zwischen den Benutzern einer Dienstleistung und der Stadt basieren. Solche positiven Beispiele gibt es unter anderem bei Arbeitslosenprojekten, bei Zusammenarbeit zwischen Schulen und Familien, bei der Freizeitgestaltung und bei freiwilligen Aktionen von Alten und Jugendlichen.

Typisch für die Tätigkeit in den letzten Jahren ist, daß mehrere Gemeinschaften entstanden sind, die Netze für verschiedene Interessentengruppen bilden. Außer dieser Aktivität der Bürger besteht eine vermehrte Zusammenarbeit mit den in den Städten angesiedelten Firmen. Als Verantwortliche für Ausbildung kann ich diese Tendenz sehr häufig beobachten. Als Folge der raschen und nicht vorhersehbaren gesellschaftlichen Veränderungen entstehen Probleme sowohl bei der Ausbildung als auch für die Arbeitgeber. Die traditionelle Berufsausbildung kann den sich ständig ändernden Anforderungen des Berufslebens nicht mehr genügen.

Die Europäische Union hat das Jahr 1996 zum Jahr des lebenslangen Lernens erklärt und auch neue Richtlinien für eine Gesellschaft der Bürger erstellt. Damit werden die Begriffe Gleichheit, Teilnahme und Mitarbeit der Bürger an der gesellschaftlichen Entwicklung in ein neues Licht gerückt. Die Ziele sind den traditionellen Zielen der sozialdemokratischen Bewegung sehr ähnlich. Wir haben allerdings kein funktionelles Lösungsmodell dafür, wie politische Tätigkeit und Bürgerinitiativen praktisch miteinander verbunden werden können. Sie stehen zwar nicht in unmittelbarem Gegensatz zueinander, aber es scheint sehr schwierig zu sein, die Meinungen der Bürger in politische Entschlüsse zu kanalisieren.

Jugendliche leben heute in verschiedenen Netzen, von denen z.B. das Internet das Tor zu verschiedenen Tätigkeiten öffnen kann. Die Netze der Datenverarbeitung ermöglichen praktische Zugänge zur Erledigung alltäglicher Dinge und sind ein Kommunikationsmittel entweder für kleinere Gruppen oder für die ganze Welt. So wichtig die sozialen Netze sind, so bedeutend sind auch die Daten. Damit will ich nicht nur auf die Möglichkeiten des Informationskanals hinweisen, sondern auch auf die tatsächliche interaktive Wirkung.

Die Menschen interessieren sich vor allem für das, was in ihrer unmittelbaren Nähe geschieht; für den unmittelbaren Lebensbereich, z.B. für ihren Stadtteil, für notwendige Dienstleistungen, deren Verfügbarkeit, Menge und Qualität. Unsere Aufgabe ist es, diesen Bedarf zu befriedigen, und zwar so, daß wir die Wünsche der Bürger in Evidenz nehmen. Ein Grund der Probleme beim Städtebau und bei den Dienstleistungen ist sicherlich die mangelhafte Wiedergabe der Informationen und die fehlende Zusammenarbeit. Die Umgebung und der Städtebau haben wesentlichen Einfluß auf die Behaglichkeit und darauf, wie die Gemeinschaft der Bewohner sein wird, ob sie miteinander in sozialem Kontakt leben oder ob sie voneinander isoliert sind. Ein zufriedenstellendes Umfeld inspiriert die Menschen, neue soziale Netze zu knüpfen und in Gemeinschaft zu leben. Wenn diese Netze der Bewohner mit denen der Stadt verbunden werden, haben Menschen endlich die Möglichkeit, ihr Alltagsleben und soziale Leistungen zu beeinflussen. In manchen Ländern und Städten gibt es Versuche, den Bewohnern mehr Mitspracherecht einzuräumen, aber es gibt auch Beispiele für Städtebau, die keine Möglichkeit für die Entstehung einer sozialen und in Wechselwirkung stehenden Gesellschaft bieten.

Diese Zeit der großen Veränderungen und Unsicherheit müssen wir als Herausforderung betrachten. Es ist eine Zeit auf der Suche nach neuen Möglichkeiten.

Aussicht auf Umbruch?

KILIAN FRANER/ERNST WOLLER

Das vorliegende Buch basiert auf den Ergebnissen der nunmehr fünften Wiener Sommerakademie. Sie fand gleichzeitig mit dem Beginn der heißen Phase des Wahlkampfes 1996 für den Wiener Gemeinderat und erstmalig für das EU-Parlament statt. Das hat in den einzelnen Beiträgen seinen Niederschlag gefunden.

Trotz der Gültigkeit des Satzes von Michael Häupl im Vorwort, Wahlkämpfe im allgemeinen betreffend, waren die einzelnen Beiträge durchaus spannend. Als Beispiel sei hier die Debatte mit Wolfgang Thierse herausgegriffen, anhand welcher sich zeigte, daß es in der jeweiligen Stadt respektive der jeweiligen historischen Situation ziemlich grundsätzlich darum geht, grundsatzorientierte sozialdemokratische Kunst- und Kulturpolitik in der Praxis zu vertreten: Während Thierse, von der Ost-SPD kommend, durchaus plausibel argumentiert, daß auch in Westberlin Opfer zu bringen wären und Theater geschlossen werden müßten, überzeugt die frühere Kulturstadträtin Ursula Pasterk mit ihren Argumenten für jede einzelne Spielstätte in Wien.

Die angesprochenen Wahlen haben in ganz Österreich und in Wien vieles verändert. Mit ihrem Ergebnis ist unter anderem ein Weniger an politischer und auch an sozialer Stabilität in unserer Stadt und unserem Land zu verzeichnen. Über die Ursachen des für die Sozialdemokratie sehr unerfreulichen Wahlergebnisses ist schon viel gesagt und geschrieben worden, viel Richtiges und ebenso viel Falsches. Unbestritten ist jedoch, daß die Sozialdemokratie um die grundsätzliche Auseinandersetzung ihres Wohin nicht herumkommt. Und das nicht irgendwann – diese Auseinandersetzung steht heute auf der Tagesordnung. Grundsätze oder Visionen sind in dieser Situation kein Luxus für Theoretiker in kleinen Parteizirkeln; sie erweisen sich immer mehr als das, was sie eigentlich immer schon sein sollten: Rohstoff für die sogenannte Tagespolitik.

In einer Situation, in der das so deutlich wird, wird gleichzeitig auch sichtbar, daß es gar nicht mehr so viele Köpfe gibt, die imstande sind, diesen Rohstoff zu produzieren. Allzu lange wurde sorglos damit umgegangen und oft auch darüber gelacht, wenn in einer Debatte Überlegungen vertreten wurden, die über den Tag hinauswiesen.

Allerdings darf dabei auch nicht der alte Fehler der Sozialdemokratie gemacht werden – nämlich in den Wettstreit zu treten, wer das theoretisch schönste und ordentlichste Konzept vorweist, ohne gleichzeitig mitzubedenken, wie das alles in die Tat umgesetzt werden kann und vor allem, wie man so viele Menschen für diese Ideen gewinnen kann, daß diese bei Wahlen die Sozialdemokratie auch mit einer klaren Mehrheit ausstatten.

Jedoch sind im vergangenen Jahr auch andere Bewegungen sichtbar geworden: Über das Buch mit dem Titel „Die Globalisierungsfalle" wird gegenwärtig heftig diskutiert. Hier werden bemerkenswerte Inhalte kolportiert, die bis vor kurzem lediglich politisch relativ weit links Stehenden zugeschrieben wurden. So ist unter anderem davon die Rede, daß „die amerikanische Arbeiterschaft zunehmend zu einer verängstigten Klasse werde"; daß dies in Europa und auch in Österreich der Trend ist, darauf weist schon der Titel des Buches hin. Weiters heißt es: „... wenn ohnehin schon Millionen Bürger marginalisiert sind oder um ihre Arbeit und die Zukunft ihrer Kinder fürchten, gerät Deregulierung darum zum politischen Amoklauf". Und: „So verstanden geht es bei den Konflikten, die mit dem wirtschaftlichen Zusammenwachsen der Welt einhergehen, um nicht mehr, aber auch nicht weniger als den Verteilungskampf, der so alt ist wie der Kapitalismus selbst. Verblüffend daran ist nur, daß es den Mystikern des Marktes noch immer gelingt, diese simple Wahrheit vor sich selbst und der breiten Öffentlichkeit zu leugnen."

Es ist Aufgabe der politischen Linken, insbesondere der Sozialdemokratie, in der breiten Öffentlichkeit diesbezüglich Überzeugungs- und Bewußtseinsarbeit zu leisten. Durchaus selbstkritische Ansätze wie im vorliegenden Buch sind ein – wenn auch kleiner – Beitrag dazu. Noch gibt es die Chance, es zu schaffen: Wer kämpft, kann verlieren; wer nicht kämpft, hat schon verloren.

Autorinnen und Autoren

Prof. Dr. Michel Cullin ist Professor für interkulturelle Kommunikation an der Universität Jena, Kultursekretär der sozialistischen Auslands-Franzosen/PS und ehemaliger Kulturattaché Frankreichs in Wien und in Berlin.

Frank Dobson ist Member of Parliament und Shadow Secretary of State for London.

Rudolf Edlinger ist Stadtrat für Finanzen, Wirtschaftspolitik und Wiener Stadtwerke in Wien.

Werner Faymann ist Stadtrat für Wohnen, Wohnbau und Stadterneuerung in Wien.

Mag. Georg Fischer, Europäische Kommission, Generaldirektion V.

Dr. Kilian Franer ist Entwicklungsbeauftragter des Wiener SPÖ-Klubs.

Prof. Dr. Peter Glotz ist Rektor der Universität Erfurt.

Prof. Dr. Jürgen Gramke, Institute for European Affairs und Verein „pro Ruhrgebiet“.

Günther Hanreich, Europäische Kommission, Generaldirektion VII.

Klaus Hänsch war bis Jänner 1997 Präsident des Europäischen Parlaments und ist nun Mitglied desselben.

Dr. Michael Häupl ist Bürgermeister von Wien und Vorsitzender der SPÖ Wien.

Dr. Hilde Hawlicek ist Mitglied des Europäischen Parlaments.

Peter Klein, Sozialdemokratische Gemeinschaft für Kommunalpolitik in der BRD, Union der Sozialistischen Kommunal- und Regionalpolitiker Europas.

Pekka Korpinen ist Vizebürgermeister von Helsinki.

Grete Laska ist Vizebürgermeisterin und Stadträtin für Jugend, Soziales, Information und Sport in Wien.

Pasqual Maragall ist Bürgermeister von Barcelona und Vorsitzender des Ausschusses der Regionen der EU.

Mag. Wolfgang Müller ist Leiter des Wien-Büros in Brüssel.

Dr. Ursula Pasterk war Stadträtin für Kultur in Wien und ist nun Präsidentin der Wiener Festwochen.

Dr. Sepp Rieder ist Stadtrat für Gesundheits- und Spitalswesen in Wien.

Dagmar Roth-Berendt ist Mitglied des Europäischen Parlaments.

Barry Sheerman ist Member of Parliament, House of Commons.

Fritz Svihalek ist Stadtrat für Umwelt und Verkehrskoordination in Wien.

Dr. Hannes Swoboda ist Delegationsleiter der SPÖ im Europäischen Parlament.

Wolfgang Thierse ist Mitglied des Bundestages, Kulturforum der SPD.

Liisa Tommila ist Vizebürgermeisterin von Espoo (Finnland).

Dr. Franz Vranitzky ist österreichischer Bundeskanzler und Vorsitzender der SPÖ.

Jan Marinus Wiersma ist Mitglied des Europäischen Parlaments.

Ernst Woller ist Vorsitzender des Kulturausschusses des Wiener Gemeinderates.